知識ゼロからの
日本の城
入門
小和田哲男
日本の城入門◉小和田哲男
幻冬舎

はじめに

城は、昔から人気の観光スポットだったが、近年、戦国史がブームになっていることが関係しているのか、戦国の城を訪ねる人が増えているようだ。いくつかの城の保存・整備に携わっている私としては嬉しい現象である。

本書は、戦国から近世にかけての城について、実際に見て歩く際の基礎知識を、コンパクトにまとめたものである。

第一章では、日本を代表する名城二二城をとりあげた。姫路城を例に、どのように歩いたらよいのか、どこを見るべきかなど、城の見どころを紹介している。

第二章は、城を歩くときに知っておきたい城郭用語を解説している。時代背景や、城が戦いでいかに使われていたかについても触れており、読み物としても興味深いものとなっているはずだ。

第三章、第四章では、戦国武将たちの創意工夫に富んだ城での戦いぶりと、彼らの築いた城の歴史をまとめた。

第五章は、初心者が抱く疑問に、Q＆Aの形で答えている。城にまつわるエピソードをできるかぎり多く盛り込んでいる。ここから読みはじめてもいいかもしれない。

城は奥が深い。本書が、城に興味をもっていただくきっかけになれば嬉しい。そして、本書で入門を果たし、次のステップに進む愛好家が増えることを期待する次第である。

小和田哲男

第一章 厳選22城。日本の美を見る

第二章 天守から城下町まで。見る、歩く

第三章　歴史が動いた。城と戦略のぶつかり合い

第四章 難攻不落の城こそ、有力武将の力の源泉

第五章 天守にはお殿様が住んでいた？

＊国宝天守 ⬇国宝に指定されている天守。
重文天守 ⬇重要文化財に指定されている天守。
＊図版は参考資料をもとに編集部でまとめたものです。

第一章

厳選22城。日本の美を見る

姫路城の歩き方①
建築の美しさを楽しむ
→P10

日本一の名城

姫路城を歩く

日本全国には、五万ともいわれる城跡がある。堀や石垣の跡が残るだけか、それすらもはっきりと確認できないものが多い。

城はもともと軍事拠点であった。古来より、築城されては戦火に巻き込まれ、奪われたり取り壊されたりを繰り返してきた。

江戸時代になると、幕府により、一国につき一城のみと定められ、そのほかの城は壊される。明治維新以後も廃城令によって、次々と壊されていった。

しかし、築城から数百年がたった今も、その雄姿をとどめる城がある。

姫路城の歩き方③
往時に思いを馳せる
→P14
姫路城の歩き方②
城攻めの兵になりきる
→P12

なかでも日本一といわれるのが、姫路城だ。

約四〇〇年前の築城以来、戦いの舞台となることはなかった。そのため現在でも、天守《てんしゅ》をはじめ、櫓《やぐら》や城門、石垣、堀にいたるまで、往時の面影をそのままに残している。

一九九三年には、ユネスコの世界遺産に登録された。海外に誇れる日本の宝として、高く評価されている。

ひめじじょう

所在地　兵庫県姫路市
別名　白鷺《しらさぎ》城(「はくろじょう」とも読む)
形式　平山城《ひらやまじろ》
築城年代　1601年
主な城主　池田輝政《いけだてるまさ》など
交通　JR姫路駅から徒歩15分

建築の美しさを楽しむ

黒くたくましい外観の岡山城や熊本城と比較して、姫路城は「女性的」と形容される。白い壁面と、翼を広げたような屋根から「白鷺《しらさぎ》城」の別名もある。

必見 1 城下から望む天守群

姫路の街のいたるところでその姿を望むことのできる天守《てんしゅ》群。さまざまな方角から楽しみたい。

必見 2 将軍坂の横から見る天守

城内のあちこちからも天守が望める。将軍坂※は、時代劇の撮影に使われることも多い。

必見 3 丸や三角に穴の開いた塀

城中にめぐらされた漆喰塗《しっくいぬり》の塀に開くのは、「狭間《さま》」と呼ばれる銃を撃つための穴（狭間→P86）。

※「はの門」に向かう坂（P13「姫路城中心部の図」参照）。

必見 4
天守群
写真左から乾《いぬい》小《こ》天守《てんしゅ》、大天守《おおてんしゅ》、西小天守。東小天守もあり、大天守に3基の小天守が連結する複雑な構成。

必見 5
天守から見る城内
天守にのぼると、城内の入り組む櫓《やぐら》や塀の様子がわかる。また、市街地はおろか、遠く瀬戸内海の島々まで見渡せる。

必見 6
扇の勾配《こうばい》の石垣
扇のようなカーブを描く石垣は、「扇の勾配」と呼ばれる。

城攻めの兵になりきる

ワナだらけで迷路のような姫路城。
城を攻める側のつもりで歩くと、いかに守りが固いかが見えてくる。

第1関門 菱《ひし》の門

容赦なく銃弾が飛ぶ

二の丸の入口。門の入口を囲む塀や、通り抜ける際の頭上に射撃用の穴がある。

城攻め開始

第2関門 いの門へ

池のような堀が道を狭める

「るの門」（右下の写真）の方向が天守《てんしゅ》への近道。だが、攻城軍がまっすぐ「いの門」へ向かうよう、わかりにくい位置に建つ。三国堀《さんごくぼり》（左下の写真）が道幅を狭めており、城兵の射撃の狙いが定まりやすくなっている。

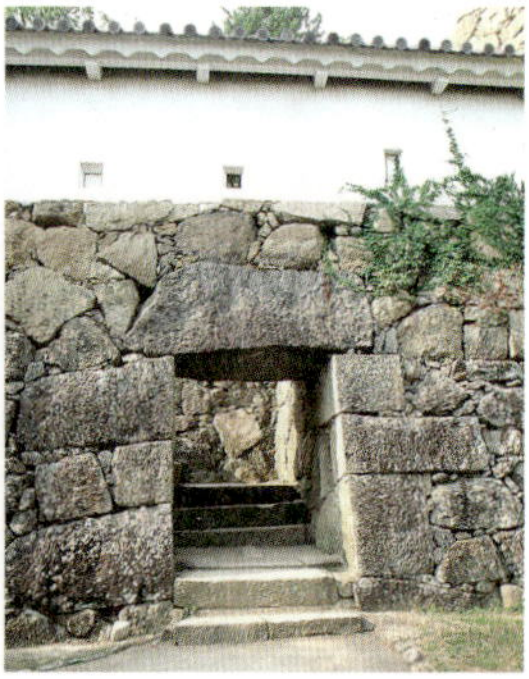

第3関門 にの門

頭上から槍が下りてくる

「いの門」「ろの門」「はの門」を抜けて、「にの門」へ。地下道のようになっている。上階に潜む城兵が、頭上から槍をつき下ろす。

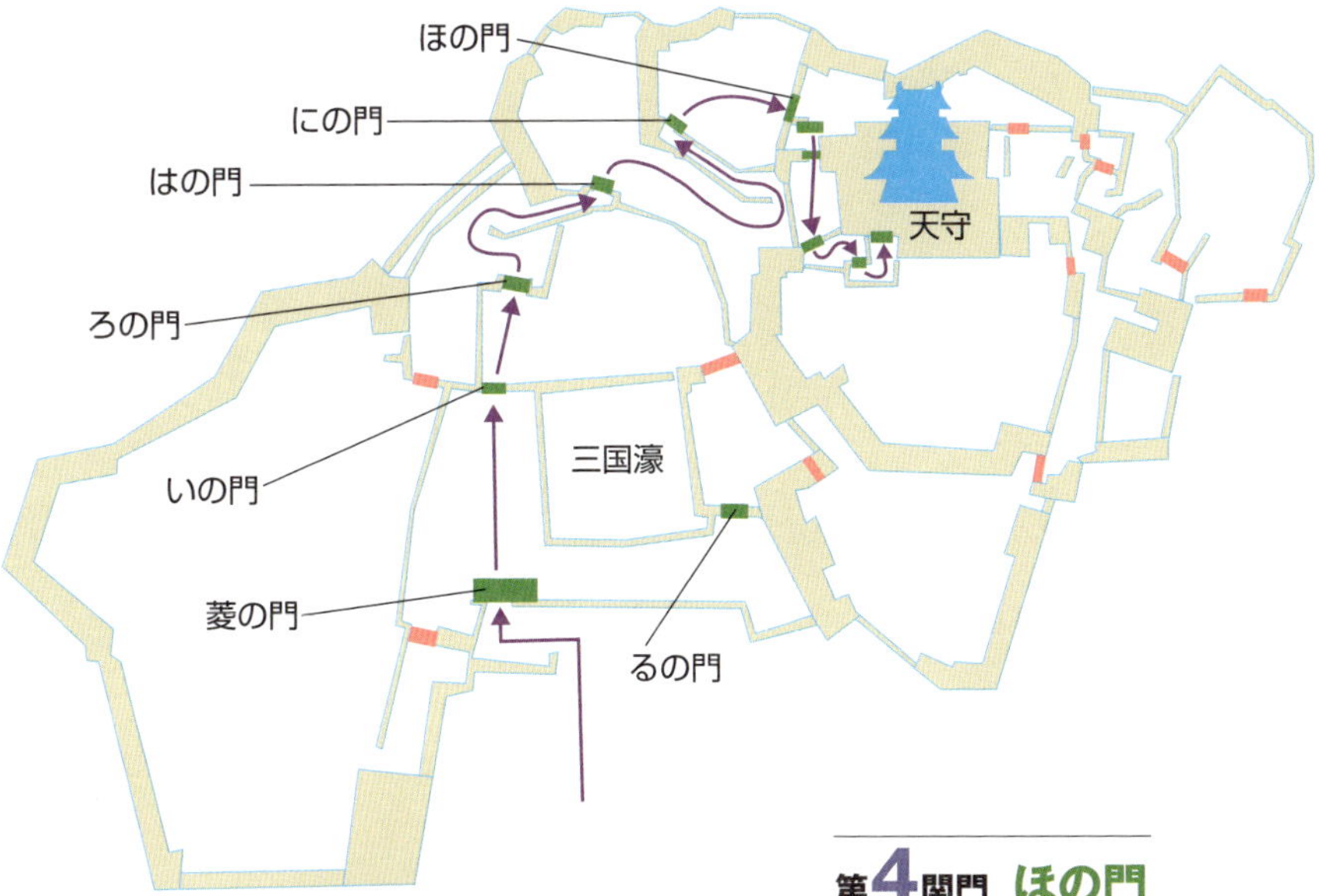

姫路城中心部の図

菱の門から天守まで直線距離130m。だが、実際はその3倍歩かねばならない。

第4関門 ほの門

埋めてしまえば通れない

天守間近の「ほの門」。周りよりも1.5mほど低くなっている。城側は、いざというとき、この門を埋めてしまう。

第5関門 「ほの門」から天守へ

天守が遠ざかっていく

「ほの門」からは、一見天守から遠ざかるように進んでいく。道を間違えたのかと思い、引き返したい気になる。

第6関門 天守群

最後の砦も甘くない

天守入口の扉は二重、さらに射撃用の穴の備えも十分。

往時に思いを馳せる

姫路城史

一三四六年 赤松《あかまつ》貞範《さだのり》が創築

一五八〇年 城主となっていた黒田《くろだ》官兵衛《かんべえ》が豊臣秀吉に譲る

秀吉時代のものと伝えられる2つの遺構

姥《うば》が石《いし》
城下の老婆が石垣用に提供し、秀吉を喜ばせたという石臼。

油《あぶら》壁《かべ》
漆喰塗《しっくいぬり》が大半のなか、粘土と豆砂利《まめじゃり》でできた壁は異色の存在。

豊臣秀吉が入城する前の姫路城は、城というより砦《とりで》クラスの小規模なものだった。秀吉はこれを大きな城郭に改め、新たに天守《てんしゅ》も築いた。

秀吉の死後、関ヶ原の戦いで勝利した徳川家康が、戦功のあった池田《いけだ》輝政《てるまさ》に姫路城を与え、五二万石で入城させる。輝政は織田信長や秀吉の下でも活躍した武将。家康の女婿《むすめ》でもあったことから重用され、西日本における要地に置かれたのである。

輝政は城の大改修に着手し、一六〇一年から九年間、延べ二五〇〇万人以上の人員を使って完成させた。このときに改修されたり、新造されたものが今の姫路城というわけだ。

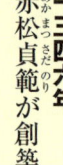

一六〇一年
池田輝政が入城。城を壊し、大改修。ほぼ現在の形に

一六一七年
本多《ほんだ》忠政《ただまさ》が入城。新たに西の丸を整備する

一七四九年
酒井氏が入城。そのまま明治にいたる

悲運の千姫が過ごした西の丸

化《け》粧《しょう》櫓《やぐら》
千《せん》姫《ひめ》のために建てられたという。

百《ひゃっ》間《けん》廊《ろう》下《か》
化粧櫓から続く廊下。廊下に沿って女中部屋が並ぶ。

千姫は家康の孫。7歳のときに秀吉の子の豊臣秀頼《ひでより》に嫁いだ。大坂の陣（P123、142）で夫と死別し、19歳で本多忠政の嫡男忠刻《ただとき》と再婚。化粧料（持参金）の10万石は姫路城の造営にも使われた。が、まもなく嫡男と夫を亡くすという悲劇の人生を送った。

瓦紋に見る城主の変遷

瓦《かわら》紋《もん》
池田氏以降、本多氏、松平《まつだいら》氏、榊《さかき》原《ばら》氏、酒井氏が城主に。それぞれの城主の時代に修繕された部分には、その家の家紋入りの瓦が残る。写真は池田氏の家紋。

五稜郭

星型の洋式城郭。外国との近代戦に備える

星型からはみ出した半月堡《はんげつほ》

1つだけ飛び出した角は、入口の守りを堅固にする馬出《うまだし》（P88）。予算不足で5つの予定が1つしかつくられなかったという。

四稜郭ともう1つの五稜郭

函館の五稜郭から3km離れたところに、小規模な「四稜郭《しりょうかく》」も築かれた。また当時、函館のほかにもう1つの五稜郭が築かれている。長野県佐久市にある龍岡《たつおか》城だ。1864年に築城が開始されたが、完成前に明治維新になり、未完に終わった。現在も不完全な形の星型城壁や堀の一部が残る。

函館《はこだて》を代表する名所・五稜郭。その歴史は比較的新しく、江戸時代末期（幕末）の一八五七年につくられた。当時、長年の鎖国を解いたばかりの江戸幕府が、欧米諸国の北からの侵略に備えて築いたものである。

星型の城壁は、大砲による近代戦が一般化していた西洋の築城様式を真似たもので、あらゆる角度から攻

ごりょうかく

所在地　北海道函館市
別名　亀田御役所土塁《かめだおんやくしょどるい》、柳野《やなぎの》城
形式　平城《ひらじろ》
築城年代　1857年
主な城主　なし（徳川幕府直轄）
交通　函館市電五稜郭公園前駅から徒歩15分

上から見る星型の全景

写真は上空から。近くの五稜郭タワーから星型を見ることができる。

め寄せる敵に対し、死角なく砲撃を浴びせられるという意図があった。

　五稜郭は結局、外国との戦争に使用されることはなかったが、明治元年の函館戦争で、歴史の表舞台に立つ。

　すでに明治元年となった一八六八年、旧徳川幕府勢力を率いる榎本《えのもと》武《たけ》揚《あき》、元新選組の土方《ひじかた》歳三《としぞう》たちが函館を占領し、五稜郭を本拠地として明治政府軍に対抗したのである。

　しかし、陸海両面から砲撃を浴びて壊滅。翌年に降伏し、開城となった。

　現在、建物こそ何もないが、星型の遺構はそのまま公園として開放されている。近くには高さ一〇七mの五稜郭タワーが建ち、そこから星型の全景を見おろすことができる。

重文天守

弘前城

東北地方でここだけ。現存する天守が見られる

見どころ

東北唯一の現存する天守

落雷で焼失した後、1810年に再建されたのが現在の天守。櫓を改修した3層の小ぶりなもの。弘前城は桜の名所で、毎年5月上旬ごろは花見客でにぎわう。

ひろさきじょう

所在地　青森県弘前市
別名　なし
形式　平山城《ひらやまじろ》
築城年代　1603年
主な城主　津軽信枚
交通　ＪＲ弘前駅からバスで15分、下車後徒歩10分

見どころ

3つの隅櫓《すみやぐら》と5つの城門が重要文化財

右方に写るのが三の丸追手門《おうてもん》。弘前城は、桜の時期のほか、雪景色も有名。

二の丸辰巳櫓《たつみやぐら》。3つの櫓はすべて二の丸にあり、ほぼ同じ形、同じ大きさをしている。

現存する天守《てんしゅ》をもつ城は、日本に一二ヵ所しかない。弘前城は、その一つ。天守や櫓門《やぐらもん》など建物九棟が国の重要文化財に指定されている。土塁や堀も含め、東北地方でこれほど保存状態のよい城はほかにない。

弘前城は、この地を治めていた戦国大名の津軽《つがる》為信《ためのぶ》が一六〇三年に築城計画を開始。為信は天下を統一した豊臣秀吉、次いで徳川家康に臣従し、江戸時代になると弘前藩の初代藩主に任じられた。

二代目信枚《のぶひら》の代に五層五階の天守が完成するが、一六二七年に落雷で焼失してしまう。弘前城は以後二〇〇年近く天守がない状態が続いた。

一度も戦火に巻き込まれることなく時を過ごしたため、今も当時のままの偉容を見ることができる。

会津若松城

会津藩の拠点。幕末の維新に敗れる

見どころ

再建された天守

現在建つのは再建された天守。元の天守（右）は、会津戦争の際、砲弾を浴びてボロボロになった。

あいづわかまつじょう

所在地　福島県会津若松市
別名　鶴ヶ城、会津城
形式　平山城《ひらやまじろ》
築城年代　1384年
主な城主　松平容保など
交通　ＪＲ会津若松駅からバスで10分、下車後徒歩5分

層塔型《そうとう》（P65）の美しい天守《てんしゅ》をもつ会津若松城。地元では「鶴《つる》ヶ城《がじょう》」と呼ばれ、近くには東山温泉などの名所も多く、県内有数の観光地となっている。

戦国時代には「黒川城」といい、大名の蘆名《あしな》氏が治めていたが、これを伊達政宗《だてまさむね》が滅ぼして城を手に入れた。その後、豊臣秀吉の命令で蒲生《がもう》

白虎隊自刃の悲劇

会津戦争では、城下に押し寄せる新政府軍を迎え撃つため、少年らも戦いに駆り出された。15歳から17歳の少年兵数百名で白虎《びゃっこ》隊《たい》を構成。戦闘中、本隊からはぐれて飯《いい》盛《もり》山《やま》に逃げ延びた20名の隊士は、燃えさかる市街を見て、会津若松城が落ちたと誤認。絶望し、一斉に自刃した。

白虎隊自刃の図
（佐野石峰筆）

白虎隊の見た風景
飯盛山から望む現在の市街地。白虎隊もここから市街を見たという。飯盛山には白虎隊の墓が並ぶ。

氏郷《うじさと》が入城し、この地を黒川から「若松」へと改名。城を自らの幼名にちなんで「鶴ヶ城」とし、城と城下町の大幅な整備を行った。会津はその後も何度か主がかわり、一六四三年に三代将軍徳川《とくがわ》家光《いえみつ》の異母弟、保科正之《ほしなまさゆき》が入り、以後は松平《まつだいら》氏（保科氏から改姓）の居城となる。

　幕末になると、会津藩は徳川幕府軍の中心的存在となり、新政府軍を相手に最後まで戦った。一八六八年の会津戦争において、幕府軍の籠《こ》もる若松城は一ヵ月間もちこたえている。その後、ボロボロになった天守をはじめ、建物の多くが破却された。

　現在の天守は一九六五年（昭和四〇年）に鉄筋コンクリートで再建されたもの。内部は郷土博物館として公開されている。

徳川家の家紋入り瓦

検問所であった同心《どうしん》番所《ばんしょ》の瓦。徳川家の家紋「葵《あおい》の御紋《ごもん》」が瓦に残る。

江戸城

最大の城。「大奥」「忠臣蔵」の舞台でもある

見どころ

桜田門

大老井《い》伊《い》直弼《なおすけ》が水戸、薩摩の浪士に暗殺された「桜田《さくらだ》門外《もんがい》の変《へん》」（1860年）で有名。江戸城の門はすべて枡形《ますがた》（P90）である。

東京のどまんなかに鎮座し、現在は「皇居」として知られる江戸城。徳川家康が建てた城として有名だが、この地にはそれ以前から、太田道灌《おおたどうかん》という武将が居城を築いていた。

しかし、周囲一六㎞にも及ぶ日本一の規模になったのは、戦国の乱世を制し、天下を平定した家康が、江戸幕府の政庁としてからである。

築城期間も長く、一六〇四年にはじまった工事は一六三六年、家康の孫である三代将軍家光《いえみつ》のころまで続けられた。以後、二〇〇年以上にわたり、幕府の中枢として機能する。

そんな江戸城が終焉を迎えたのは、一八六八年（明治元年）の戊辰《ぼしん》戦争。

見どころ

天守台《てんしゅだい》

江戸を襲った「明暦《めいれき》の大火」（1657年）で、高さ51mの天守は焼失。のちに、天守台のみ新造された。現存する国内最大の天守台である。

本丸《ほんまる》御殿跡

現在は広大な敷地が広がるのみ。往時は御殿が建ち、「大奥《おおおく》」（P172）もあった。「忠臣蔵《ちゅうしんぐら》」で知られる、浅野長矩《あさののながのり》が吉良義央《きらよしなか》を斬りつけた事件（1701年）の舞台でもある。

もっと知りたい！
徳川家康と江戸城
→P138～143

えどじょう

所在地　東京都千代田区
別名　千代田城
形式　平城《ひらじろ》
築城年代　1457年
主な城主　徳川家康など
交通　ＪＲ東京駅から徒歩5分

薩摩《さつま》・長州を中心とする新政府軍が迫ると幕府側は降伏し、無血開城する。家康の築城以来、江戸城は一度も実戦に使用されることはなかった。

翌年、東京遷都によって明治天皇が京都から移って天皇の御所《ごしょ》となり、一九四八年（昭和二三年）に皇居と改称。明治以降、地震や空襲で建物のほとんどが焼失した。しかし、中枢部分の構造はそのまま残り、史跡としての価値は非常に高い。

江戸城をぐるりと散策する

日本一を誇る江戸城の規模を、実際に歩いて体感したい。おすすめは半蔵門からのスタート。堀や土塁に圧倒されつつ桜田門を抜け、大手門《おおてもん》へ。皇居東御苑《ひがしぎょえん》へと入り、最後は北の丸公園へと抜ける。宮内庁に申込みをすれば、通常は入れない皇居内の一部も見学できる。

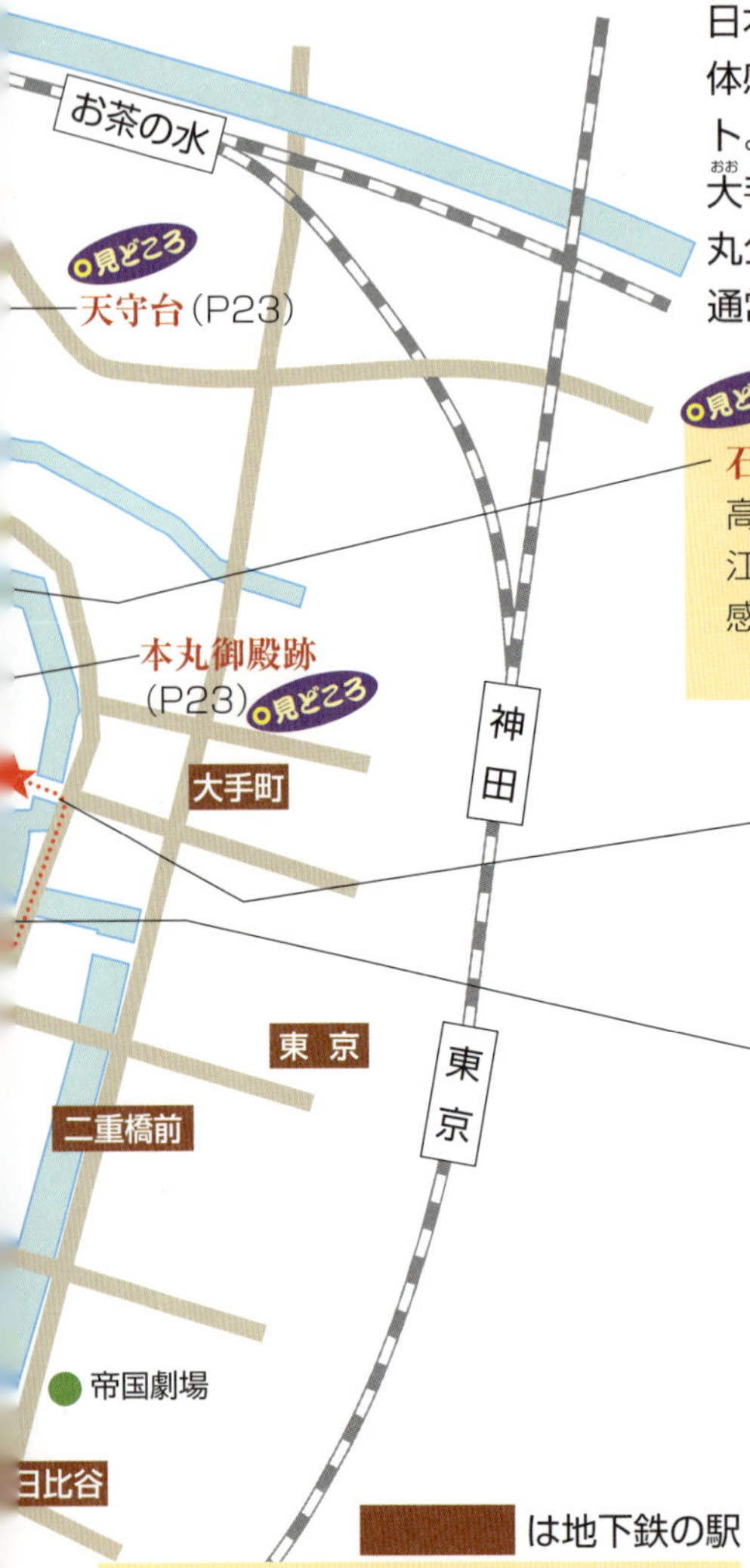

お茶の水
見どころ
天守台(P23)
本丸御殿跡
(P23)
見どころ
大手町
神田
東京
東京
二重橋前
帝国劇場
比谷
は地下鉄の駅

見どころ
石垣
高い石垣がそびえる。江戸城の巨城ぶりが実感できる。

見どころ
大手門
江戸城の正面口であり、城内最大の門。

見どころ
巽櫓《たつみやぐら》
道路沿いにあり、車窓からも見ることができる。

二重橋
2つの橋を合わせて二重橋と呼ぶ。奥には伏見櫓が見える。

吹上御苑《ふきあげぎょえん》	天皇のすまいなどがある。通常、一般公開はされていない。
皇居外苑	大名屋敷があった。修学旅行生や観光バスでにぎわう。
皇居東御苑	本丸《ほんまる》・二の丸のあたり。大手門など3つの門から出入り可能。
北の丸公園	有力大名の屋敷があった。現在は公園となっている。

＊富士見櫓・伏見櫓を写真の角度から見るには、宮内庁への皇居参観の申込みが必要。

外堀
外堀の内側が江戸城の城内。ＪＲ中央線に沿って流れる。

半蔵門
名前の由来は、近くに服部半蔵の屋敷があったから。一般の人の通行は禁止。

見どころ
富士見櫓
江戸城に残る唯一の三重櫓で、天守《てんしゅ》の代用とされたこともある。

見どころ
伏見櫓
伏見城（京都）からの移築といわれる。

見どころ
土塁と堀
幅広に長く続く堀や土塁も、人工的につくられたもの。

金沢城

加賀百万石の本拠地。城下に兼六園が広がる

石川門
金沢城を代表する建造物。1788年築。

かなざわじょう

所在地　石川県金沢市
別名　尾山城
形式　平山城《ひらやまじろ》
築城年代　1580年
主な城主　前田利家
交通　ＪＲ金沢駅からバスで10分、下車後徒歩5分

兼六園
金沢城のすぐ東にある前田家の大名庭園。国の特別名勝に指定されている。

城下に日本三大庭園の一つ、兼六《けんろく》園《えん》をもつことで有名な城。天守《てんしゅ》や櫓《やぐら》といった城らしい建造物は少ないが、加賀《かが》百万石の栄華の面影を残す北陸屈指の観光名所だ。

戦国時代、ここには加賀一向一揆《いっこういっき》の中心となった本願寺《ほんがんじ》勢力の寺院「尾山御坊《おやまごぼう》」があった。周辺の諸大名に対抗できるよう空堀《からぼり》や柵なども備え、城のような規模だったという。

それを織田信長が攻め落とした。のちに豊臣秀吉の手に渡り、家臣の前田利家《まえだとしいえ》に与えられた。

大改築が施され、金沢城となると、加賀・能登《のと》・越中《えっちゅう》※の三国に及ぶ加賀前田家の拠点として長く栄えた。

※加賀は石川県南部、能登は石川県北部、越中は富山県。

重文天守

丸岡城

古風な外観。安土・桃山の雰囲気を残す

北陸唯一の現存する天守

古めかしいつくりの天守は築城当時からのものと伝わる。1948年（昭和23年）の福井地震で倒壊したが、その後修復された。

小高い丘陵にたたずむ天守は、全国に一二ヵ所ある現存する天守の一つ。

一五七六年、越前《えちぜん》（福井県東部）の領主である柴田勝家《しばたかついえ》の甥の勝豊《かつとよ》が築城し、以後めまぐるしく城主が入れかわった。一八七一年の廃藩置県《はいはんちけん》により廃城となるが、天守は残され、丸岡町の管理となって解体を免れた。

まるおかじょう

所在地　福井県坂井市
別名　霞《かすみ》ケ《が》城
形式　平山城《ひらやまじろ》
築城年代　1576年
主な城主　柴田勝豊、有馬氏など
交通　ＪＲ福井駅からバスで40分

国宝天守

松本城

信濃の山々を背景に天守群が連なる

黒漆塗《くろうるしぬり》の国宝五重天守

漆塗の黒い下見板張《したみいたばり》の外装。攻撃用の狭間《さま》・石《いし》落《おとし》（P86）が多く、軍事的性格が強い。

見どころ

月見櫓《つきみやぐら》

天守に連結する月見櫓は、全国唯一の遺構。松平直政《まつだいらなおまさ》が城主の1633年、同じく連結する辰巳付櫓《たつみつけやぐら》とともに増築。上の写真は外観、下は内部。

まつもとじょう

所在地　長野県松本市
別名　烏城、深志城
形式　平城《ひらじろ》
築城年代　1504～1520年
主な城主　石川氏など
交通　ＪＲ松本駅から徒歩15分

姫路城が白鷺《しらさぎ》城と呼ばれるのに対し、「烏城《う（からす）》」とも称される松本城。国宝四城の一つである。その歴史は古く、戦国時代初期の永正年間、この地方を治めた小笠原《おがさわら》氏が築城したのにはじまるという。

その後、武田信玄《たけだしんげん》がこれを奪うが、武田氏滅亡後は徳川家の配下となっていた小笠原貞慶《さだよし》が旧領に戻る。このとき、深志《ふかし》城と呼ばれていた城を、松本城に改名した。のちに石川氏や水野氏などを経て、戸田氏が代々の居城とした。

明治維新の後、天守が競売にかけられるが、地元の有力者らが保存に尽力し、解体の危機を免れた。そうして守られた五層六階の大天守《おおてんしゅ》は、小天守《こてんしゅ》や櫓《やぐら》群を連結したつくりで、独特の優美さを保っている。

国宝天守

犬山城

歴史ある天守。木曽川沿いにたたずむ

見どころ

木曽川とともに望む天守

木曽川沿いに建つ犬山城は、中国の長《ちょう》江《こう》ほとりにある白帝城の美しさにたとえられた。川が天然の堀の役割を果たし、犬山城の防備を強固なものにしている。

いぬやまじょう

所在地 愛知県犬山市
別名 白帝《はくてい》城
形式 平山城《ひらやまじろ》
築城年代 1537年
主な城主 成瀬氏など
交通 名古屋鉄道犬山駅から徒歩15分

＊現在は財団法人・犬山城白帝文庫が管理。

見どころ

古い形式の天守

1537年築といわれていたが、近年は1601年築の説が有力。望楼《ぼうろう》型（P65）の古風な天守である。

見どころ

天守より望む木曽川

姫路城や松本城に比べ、ネームバリューこそ低いが、国宝に指定されている。三層四階の天守《てんしゅ》が存在感を放つ名城。木曽川の南岸、約四〇mの崖上にそびえる姿、独特の風格を備える破風《はふ》（P65）が、戦国時代当時の無骨な面影を十二分に伝える。

元は尾張《おわり》（愛知県西部）の織田氏がこの地に砦を築いたのがはじまり。以後は尾張を統一した後の織田信長をはじめ、その配下の池田恒興《いけだつねおき》などがこの地を治めている。

その後、時代とともに城の規模も徐々に拡張され、江戸時代初期の一六一七年に成瀬正成《なるせまさなり》が城主となり、以後成瀬氏の居城となった。明治維新後に廃城となったが、明治中期に成瀬氏のもとへ戻り、二〇〇四年まで個人所有だった珍しい城でもある。

名古屋城

栄枯盛衰を金の鯱が見守り続けた

現在建つのはコンクリート製の再建された天守。戦災前は国宝であった。

財政悪化で薄くなる鯱の金

名古屋城の鯱《しゃち》は、家康が主に幕府の権力を誇示する目的でほかの城より豪華につくらせたとされ、築城当時は1対で慶長大判1940枚分の金が使われた。しかし、藩財政の悪化により、表面の金は3度にわたって薄く張り直された。幕府が滅び、城が明治政府の所有になると、鯱は国内・海外の博覧会に出品された。のちに城に戻されたが、名古屋大空襲で天守もろとも焼失してしまう。

現在の金鯱

見どころ

現在の天守にある鯱は18金の板が張りつけてある復元品。

広大な空堀《からぼり》

軍事的にすぐれた名古屋城。写真は重要文化財・本丸《ほんまる》東南隅櫓《すみやぐら》。手前は堀になっている。写真左下にいる鹿と比べると、深さや広さがよくわかる。

なごやじょう

所在地　愛知県名古屋市
別名　金鯱《きんこ》城、金《きん》城
形式　平城《ひらじろ》
築城年代　1610年
主な城主　徳川氏
交通　名古屋市営地下鉄市役所駅から徒歩5分

清正石《きよまさいし》

実際は加藤清正（P154）と関係ない。見事な天守台石垣を築いた評判から、彼の名で伝えられたようだ。

伊勢音頭にも「伊勢は津でもつ、尾《お》張《わり》名古屋は城でもつ」という一節があるほどに有名な城。大坂城、熊本城とともに日本三名城に並び称される。名古屋の象徴である。

江戸時代初期の一六一〇年、徳川家康が関西方面の諸大名を牽制するため、天下普請《てんかぶしん》によって築城。もともと、ここは織田信長が生まれた那《な》古《ご》野城があった場所。家康がすぐ近くの清洲《きよす》城から城下町ごと引越しさせ、現在の名古屋の街の基礎を築いた。完成後は徳川御三家の一つ、尾張徳川家の城となった。

当時の天守《てんしゅ》や櫓《やぐら》、御殿など建物のほとんどは、一九四五年の名古屋大空襲で焼けてしまったが、三棟の櫓や三つの城門が残る。現在の天守は昭和三〇年代に復元されたものだ。

国宝天守

彦根城

よい状態の遺構。時代劇に頻繁に登場する

国宝の天守

破風《はふ》（P65）の多さは日本一。大津城《おおつ》（滋賀県）からの移築と伝わる。
下の写真は、天守天井。

ひこねじょう

所在地　滋賀県彦根市
別名　金亀城《こんきじょう》
形式　平山城《ひらやまじろ》
築城年代　1603年
主な城主　井伊氏
交通　ＪＲ彦根駅から徒歩15分

天秤櫓《てんびんやぐら》

正面から見ると、左右対称に見えるので天秤櫓という。時代劇の撮影によく使われる。

佐和口多門櫓《さわぐちたもんやぐら》

堀の奥に見えるのが佐和口多門櫓。重要文化財である。

玄宮園《げんきゅうえん》

4代藩主直興《なおおき》が造営した大名庭園。ここからも天守が望める。

日本の中心に位置するためか、壬《じん》申《しん》の乱、関ヶ原の戦いなど、古来より多くの重要な合戦《かっせん》が行われてきた近江国《おうみのくに》（滋賀県）。この要地に、徳川家康は配下で最も勇猛で信頼の置ける井伊直政《いいなおまさ》を配し、城を築かせた。

しかし、直政は関ヶ原の戦いの傷がもとで死去。幼少だった二代直継《なおつぐ》にかわって家臣団が直政の遺志を継いで築城した。諸大名も多数動員され、一六〇三年から一六二二年まで約二〇年にも及んだという。

井伊氏の居城として栄えたこの城は、国宝に指定されている天守《てんしゅ》のほか、太鼓門、多聞櫓《たもんやぐら》など五棟が現存する国内屈指の貴重な城跡だ。

姫路城と並んで保存状態がよく、京都の撮影所にも近いため、時代劇のロケ地として頻繁に使われている。

二条城

二の丸御殿で徳川幕府は終焉を迎える

唐門《からもん》

重要文化財。門をくぐると二の丸御殿が見える。

二の丸御殿

数少ない御殿の現存例の１つ。彫刻がふんだんに施された豪華な外観をしている。

にじょうじょう

所在地　京都府京都市
別名　二条離宮
形式　平城《ひらじろ》
築城年代　1601年
主な城主　徳川氏
交通　京都市営地下鉄二条城前駅から徒歩1分

世界文化遺産や修学旅行の定番として、だれもがその名を知る二条城。当時の都に位置し、天皇の御所《ごしょ》にも近いだけあって、数々の歴史的な事件が、この城を舞台に起こっている。

一六〇一年、関ヶ原の戦いに勝利を収めた徳川家康が、京都に滞在する際の宿所として築いたためか、防備はほかの城に比べて弱い。城とい

見どころ

二の丸御殿内部の華やかな装飾

大広間

将軍の公式の対面所。最も豪華なつくり。徳川幕府最後の将軍慶喜が大政奉還を発表した場所でもある。

竹林群虎図《ちくりんぐんこず》(左)
雪中梅竹柳小禽図《せっちゅうばいちくりゅうしょうきんず》(右)

各部屋の襖《ふすま》や壁に描かれた絵は、当代随一の絵師の一派・狩野派《かのうは》が手掛けたもの。

うより、居館や政庁としての役割を果たした。

築城開始から二年後、家康はここで朝廷から征夷大将軍《せいいたいしょうぐん》に任じられ、祝賀の儀を行った。しかし三代家光《いえみつ》以降、将軍の上洛は途絶え、二条城は歴史の表舞台から長く消え去る。この間、落雷や火災によって天守《てんしゅ》、本丸御殿《ほんまるごてん》などが焼失した。

幕末の一八六三年、一四代将軍家《いえ》茂《もち》が朝廷の要請に応じて上洛し、二〇〇年以上の時を経て入城。その後、一五代慶喜《よしのぶ》も入るが、慶喜はこの城で朝廷に政権を返上し(大政奉還《たいせいほうかん》)、徳川幕府は事実上崩壊した。

現在は二の丸御殿をはじめ二〇棟あまりの建造物や庭園などが残り、幕府健在当時の面影を伝えている。

大坂城

あれもこれも巨大。天下人の権力を見せつける

天守（上の写真）は再建。だが、城内には、大手門《おおてもん》や千貫櫓《せんがんやぐら》など江戸時代からの建物が多く残り、それぞれ重要文化財に指定されている。

もっと知りたい!
豊臣時代の大坂城→P134
大坂の陣→P123、P142

江戸から明治にかけて「大阪」と記されるようになったが、当時は「大坂」と書いた。

一五八三年、石山本願寺《いしやまほんがんじ》の跡地に豊臣秀吉が築城を開始。秀吉が死去する直前まで、本丸《ほんまる》から惣構《そうがまえ》（P153）にいたる築城・拡張が続いた。その壮麗で堅固なつくりを見たある大名が、「三国無双《さんごくむそう》」と称えている。

しかし、子の秀頼《ひでより》の代に徳川家康によって攻め落とされ（大坂の陣）、以後は徳川家の直轄領となる。

家康は秀吉の建てた城郭の一切を破壊し、その上にさらに巨大な大坂城を建てた。現在の天守《てんしゅ》は徳川時代の土台の上に復元されたものである。

蛸石《たこいし》

大坂城にはたくさんの巨石がある。なかでも蛸石が最大。高さ5.5m、横11.7m、重さ約130tだという。

長大な石垣と堀

石垣の高さは30mあり、日本最大。また外堀の幅は72mあるという。石垣が屈曲しているのは、多方向から矢を飛ばすため
（P71）。

おおさかじょう

所在地　大阪府大阪市
別名　錦《きん》城、金《きん》城
形式　平城《ひらじろ》
築城年代　1583年
主な城主　豊臣氏、徳川氏
交通　ＪＲ大阪城公園駅から徒歩15分

江戸城に次ぐ規模

天守からの眺め。広い城内が見渡せる。

重文天守

松江城

山陰で唯一残る天守。戦のため、堅固に築かれた

実戦的な天守

愛称「千鳥城」の由来は屋根の千鳥《ちどり》破風《はふ》（P65）の美しさから。一方で、狭間《さま》や石落《いしおとし》（P86）、籠城《ろうじょう》に備えた井戸・兵糧《ひょうろう》庫など、実戦的なしかけの多い天守でもある。

再建された二の丸の櫓

二の丸の南櫓、中櫓、太鼓櫓《たいこやぐら》の3つが復元されている。

まつえじょう

所在地　島根県松江市
別名　千鳥《ちどり》城
形式　平山城《ひらやまじろ》
築城年代　1607年
主な城主　松平氏など
交通　ＪＲ松江駅からバスで10分、下車後徒歩10分

宍道湖《しんじこ》の湖畔にたたずむ中国地方屈指の名城。

関ヶ原の戦いで戦功をあげた堀尾《ほりお》吉晴《よしはる》が一六〇七年に築城。江戸時代には松江藩の政庁として機能し、松《まつ》平《だいら》氏一八万石の屋台骨となった。

二〇〇一年に三つの櫓《やぐら》が木造で復元され、現存する天守《てんしゅ》とともに当時の面影をよく再現している。

岡山城

漆黒に塗られた天守に金の鯱が映える

烏城と呼ばれる黒い天守

1966年（昭和41年）に戦前の外観に復元。黒くどっしりと構えた「男性的」な外見。

後楽園《こうらくえん》

日本三大庭園の1つ。14年かけてつくられたものだという。

戦国時代、備前（岡山県南東部）や美作《みまさか》（岡山県北東部）などを治め、豊臣政権下で五大老として活躍した宇喜多秀家《うきたひでいえ》が築城。その後、小早川《こばやかわ》氏、池田氏などが入り、整備・拡張にあたる。

天守は後年空襲で焼かれ、昭和になって再建された。月見櫓《つきみやぐら》、西の丸西手櫓《にしてやぐら》の二棟の櫓が現存する。

おかやまじょう

所在地　岡山県岡山市
別名　烏《う》城
形式　平山城《ひらやまじろ》
築城年代　1590年
主な城主　池田氏
交通　ＪＲ岡山駅からバスで9分、下車後徒歩5分

重文天守

備中松山城

標高四三〇m。山のなかに天守がたたずむ

見どころ

山頂に建つ天守

こぢんまりとした二層天守。山頂にあるため見晴らしはいい。手前は復元された五《ご》の平櫓《ひらやぐら》。天守を囲む、本丸《ほんまる》のすべての櫓と門、塀が復元されている。天守のほか、二重櫓、土塀《どべい》などが重要文化財。

「日本三大山城《やまじろ》」の一つ。現存する天守《てんしゅ》のある一二城のなかでは唯一の山城。その歴史は一三世紀までさかのぼる。現在の天守は一六八一年に水谷《みずのや》氏が建造したもの。内部には囲炉裏などが残る。

明治維新後、山上の建物は放置されていたが、昭和初期に修復・保存されることとなった。

びっちゅうまつやまじょう

所在地　岡山県高梁市
別名　高梁《たかはし》城
形式　山城
築城年代　1240年
主な城主　板倉氏など
交通　ＪＲ備中高梁駅から車で10分、山頂までは下車後徒歩20分

重文天守

丸亀城

重なる石垣は高さ六〇mに達する

見どころ

重なる石垣の高さ日本一

城主山崎家治《やまざきいえはる》がつくらせた石垣。ふもとから頂上までらせん状に築かれている。

見どころ

日本最小の天守

日本一小さい天守が、石垣をいっそう高く見せる。

城主に殺された石垣づくりの技術者

丸亀城の石垣は、羽坂重三郎《はさかじゅうざぶろう》という技術者が築いたといわれる。当時の藩主がその高さを褒め称えたところ、重三郎は「私ならのぼってみせます」と、2本の棒を石垣のすき間に差し込み、それらを足場にして軽々とのぼっていった。藩主は、「こやつが敵に通じてはまずい」と感じ、重三郎を井戸に生き埋めにしてしまったという。

まるがめじょう

所在地　香川県丸亀市
別名　亀山城、蓬莱《ほうらい》城
形式　平山城《ひらやまじろ》
築城年代　1597年
主な城主　生駒親正《いこまちかまさ》など
交通　ＪＲ丸亀駅から徒歩10分

市街地の南部にある亀山《かめやま》に築かれた城。高さ六〇mに及ぶ「扇の勾配《こうばい》」の石垣が、ふもとから頂上まで四層に重なり、延びている様は美しい。山頂からは瀬戸大橋が望める。

一六六〇年に京極《きょうごく》氏が完成させた天守は規模こそ小さいが、高い石垣の上にそびえる姿には格別の風格がある。

重文天守

宇和島城

四国の海城。築城名人の藤堂高虎が築く

見どころ

平和な時代の天守

唐破風《からはふ》（P65）の玄関になっているなど、装飾性が高い。天下泰平の江戸時代に築城されたためだという。

もっと知りたい！
藤堂高虎と宇和島城の秘密→P156

うわじまじょう

所在地　愛媛県宇和島市
別名　鶴島《つるしま》城
形式　平山城《ひらやまじろ》
築城年代　1596年
主な城主　藤堂高虎、伊達氏
交通　ＪＲ宇和島駅から徒歩15分

標高約八〇ｍの頂にあった山城《やまじろ》を、一五九六年に築城の名手藤堂高虎《とうどうたかとら》が大改修して基礎を築いた。現在残る天守《てんしゅ》は、江戸時代に入城した伊達《だて》氏（伊達政宗《まさむね》の子孫）によって改修されたものだ。

西側は海に接し、東側も海水を引き込んだ堀がめぐる水城《みずじろ》（海城《うみじろ》）だったが、今は埋め立てられている。

重文天守

伊予松山城

天守をはじめ二一棟の重要文化財が残る

道後《どうご》温泉などで有名な松山市の中心部に近い勝山《かつやま》。その標高一三二mの山頂に二一棟の建物が健在。一六〇二年、加藤嘉明《かとうよしあき》が築城に着手し、その後に入った蒲生忠知《がもうただとも》が完成させた。天守《てんしゅ》は幕末の一八五二年に松平《まつだいら》氏によって建てられた三代目。現存する天守のなかで最後につくられたものだという。

連立式天守

姫路城と同じ連立式（P69）という攻め手が侵入しにくい複雑な形式。昭和に入り小天守《こてんしゅ》と南隅櫓《みなみすみやぐら》が放火で焼失したが、その後、復元された。

戸無門《となしもん》

その名の通り、珍しい戸のない門。城内にはほかに、三の丸南櫓、隠門《かくれもん》、三の門などが残る。

いよまつやまじょう

所在地　愛媛県松山市
別名　金亀《きんき》城、勝山城
形式　平山城《ひらやまじろ》
築城年代　1602年
主な城主　加藤嘉明、松平氏
交通　ＪＲ松山駅から市内電車で10分、下車後徒歩5分

見どころ

重文天守

高知城

江戸時代の本丸が味わえる

御殿と天守がそろう本丸《ほんまる》

現存する御殿は少ないが、本丸御殿と天守が一緒に残るのは全国でここだけ。上の写真は、天守の前に構える本丸御殿。右の写真は、上空から見た本丸の様子。

大河ドラマの主役にもなった、土《と》佐《さ》藩（高知県）の初代藩主山内《やまうち》一豊《かずとよ》が築いた城。一豊は関ヶ原の戦い（一六〇〇年）直後から築城をはじめ、養子の忠義《ただよし》と二代がかりで城を完成させた。当時の地名は河中山《こうちやま》といい、のちに高智山《こうち》、次いで現在の高知と改められた。

江戸時代のなかごろに大火に見舞われ、ほとんどの建物が焼失したが、二五年の歳月をかけ、現在見られる建物が再建された。

その後は災害や空襲を免れ、天守《てんしゅ》、御殿、追手門《おうてもん》など一五棟の建物が現存。往時を物語る貴重な史跡として人気を集めている。

見どころ

江戸時代から現存する天守

現在の天守は、一度焼失し、江戸時代の1749年に再建された。天守台がない珍しいつくり。天守に設置されている忍返《しのびがえし》（P87）も特徴的。

天守から見た城下町

江戸時代の終わりに、幕末に活躍した坂本《さかもと》龍馬《りょうま》が生まれている。

こうちじょう

所在地　高知県高知市
別名　鷹《たか》城
形式　平山城《ひらやまじろ》
築城年代　1601年
主な城主　山内一豊
交通　ＪＲ高知駅からバスで8分、下車後徒歩5分

熊本城

加藤清正の居城。自慢の石垣がそびえる

見どころ

大天守《おおてんしゅ》と小天守《こてんしゅ》

西南戦争で焼失し、1960年（昭和35年）に再建された。

見どころ

宇土櫓

重要文化財。清正の築城時代からのものといわれる。

築城名人の加藤清正《かとうきよまさ》が築いた熊本城は、大坂城、名古屋城と並ぶ日本三名城に数えられている。

清正が一六〇七年に完成させて以来、江戸時代は戦乱もなく平穏に過ぎた。しかし明治初期に西南戦争の舞台となる。

城に籠《こ》もった政府軍四〇〇〇人は、西郷隆盛《さいごうたかもり》率いる旧薩摩《さつま》軍一万四〇〇〇人の攻撃をよく耐え抜いた。清正の石垣が、三〇〇年の時を経て威力を発揮したのだ。

このとき、天守《てんしゅ》や御殿など多くの建物を焼失したが、建築当時の天守ともいわれる宇土櫓《うとやぐら》などが残る。史跡としての見応えは十分だ。

石垣

加藤清正の名から清《せい》正《しょこ》公流石垣と呼ばれる。「扇の勾配《こうばい》」とか「武者返し《むしゃがえ》」などと称される反りが特徴。写真は大天守・小天守の石垣。

籠城に備えてつくられた125の井戸

朝鮮半島へ出兵した際（P137）に籠城《ろうじょう》戦で苦労をしたためか、熊本城の籠城策は万全。たとえば、城内に清正が植えたとされる銀杏が残るが（左上の写真）、これは籠城の際に実を食糧とするためだったといわれる。加えて、125もの井戸がある（左下の写真）。

くまもとじょう

所在地　熊本県熊本市
別名　銀杏《ぎんなん》城
形式　平山《ひらやまじろ》城
築城年代　1601年
主な城主　加藤清正
交通　ＪＲ熊本駅からバスで15分、下車後徒歩10分

もっと知りたい！
加藤清正→P154　加藤清正の石垣→P71

首里城

沖縄の国王が築く。琉球王国の記憶を今に残す

正殿
城内最大の建物。中国の影響を受けた琉球文化らしく、日本の城とは異なる赤い外観が特徴。

しゅりじょう

所在地　沖縄県那覇市
別名　スイグスク
形式　平山城《ひらやまじろ》
築城年代　14～17世紀ごろ
主な城主　尚氏
交通　沖縄都市モノレール首里駅より徒歩15分

かつて琉球《りゅうきゅう》王国として栄えた沖縄。その象徴であり、沖縄で最大の規模を誇る城が首里城だ。

朱に塗られた外観をはじめ、沖縄特有の石が積まれた石垣など、本州の城とは違った特徴をもっている。琉球と強いつながりのあった中国の建築文化の影響を受けているのだ。防御設備はやや薄く、城というより

見どころ

沖縄の城独特の石垣

瑞泉門《ずいせんもん》。門の両側が石垣となっている。使われている石も、積み方も琉球独特のもの。

沖縄の城「グスク」

「グスク」は琉球語で「城」という意味。沖縄各地に点在するが、築城の目的には不明な点が多い。軍事拠点や権力者の居館という説が強いが、聖域や祭祀場などの宗教施設という見方もある。現在残る石積みの城壁は滑らかにカーブを描くのが特徴で、日本的な城とは違った趣を見せる。中城《なかぐすく》城（P59）や今帰仁《なきじん》城が有名。

は宮殿であった。

確かな史料がないため定かではないが、創建は一四世紀末ごろといわれ、本州の戦国時代の城郭より、やや古い。

代々、琉球王朝を治めた国王である尚《しょう》氏の居館として築かれたが、一八七九年に日本の明治政府によって尚氏が追放。琉球が「沖縄県」となった後、日本軍の駐屯地となる。

そのころ、建物は健在だったが、一九四五年の沖縄戦で、アメリカ軍の攻撃により全焼。戦後、首里城跡には琉球大学が置かれ、多くの遺構が埋められてしまったが、大学の移転で本格的な城跡の調査がはじまる。

一九九二年には正殿《せいでん》などの建築物や門が再建され、現在の首里城公園という姿になった。

城跡の見方

崩れかけた堀や石垣から往時の姿を想像する

ひとくちに「城」というと、立派な天守《てんしゅ》や櫓《やぐら》がある場所と思われがちだ。しかし、当時の建物が残っている城は、全国にも数えるほどしかないのが現実。

建物が復元された城もあるが、一切復元されていない城のほうが圧倒的に多い。

それでも歴史や史跡のファンには、復元された建物より、土塁や石垣、堀などの「城跡《しろあと》」にロマンを感じる人が少なくない。

当時から残る山道をのぼり、焼け跡のついた天守の土台や、崩れかけた石垣を眺め、歴史に思いを馳せる……。そんな見方をしてみたい。

城跡へ向かう前のチェックリスト

調べること

- 重要 □行き方
- 重要 □帰りのバスの時間・電車の時間
- □城跡の情報

場所や交通手段、入場時間をチェック。バス・電車の本数や最終の時刻も忘れずに確認しておく。城跡の歴史やエピソード、見どころなどを知っておくと、より楽しめる。

もちもの

- □カメラ
- □地図

自分なりのアングルで写真を残しておくといい。ただ、撮影不可の施設もあるので要確認。周辺の地図があると、城跡へ向かうのにも、城下を散策するのにも役立つ。

身だしなみ

- 重要 □足元はスニーカー
- □カバンはリュック
- □山城《やまじろ》へ行く場合は長袖

城めぐりは、スニーカーなどの歩きやすい靴がいちばん。山中の城に行くなら、トレッキングシューズに長袖など、軽い登山の格好ぐらいでちょうどいい。リュックを使い、両手は自由にしておきたい。

いざ城跡へ

ポイント1

何百年も前の遺構を触る、踏みしめる

活躍した武将や、城を舞台にした戦に思いを馳せながら、触れてみよう。

萩《はぎ》城（山口県）
城兵がのぼるためにつくられた石段。実際にのぼってみたい。

もっと楽しむために

大切な遺構を壊さない

遺構に触っても、壊したり、もち去ったりしないのが、城跡歩きのマナー。立入禁止の場所には入らない。

ポイント2

地面の凹凸に注目する

注意しないと自然物だと思いがちだが、地面の起伏は、堀や土塁跡の可能性が高い。

七戸《しちのへ》城（青森県）
空堀《からぼり》（P74）跡。往時はもっと深かったと考えていいだろう。

ポイント3
石垣の大きさや積み方、高さを見る

ひとくちに石垣といっても、高さや石の形、積み方はさまざま。城跡による違いを見てみたい。

岩村城（岐阜県）
6段に重ねられた石垣が特徴的。1つひとつの石がきれいに整形されている。

七尾《ななお》城（石川県）
石の大きさや形がふぞろいで荒々しく、時代の古さを感じさせる。

ポイント4
看板やパンフレットのチェックを欠かさない

城の歴史やエピソードが載っている看板やパンフレットに目を通す。知識があると、一味違った見方ができる。

もっと楽しむために

下調べで理解を深める

歴史や城の構造などを知っていると、よりおもしろく城めぐりができる。本やインターネットに目を通してから行くのがおすすめ。

安土《あづち》城（滋賀県）
織田信長の築城だと知るか、知らないかでは、城を歩く楽しさが違う。

ポイント5
城主と同じ景色を眺める

城は、山や丘など、見晴らしのよいところにつくられていることが多い。

七尾城
上《うえ》杉《すぎ》謙《けん》信《しん》が攻略した七尾城からの景色。謙信も見たかもしれない。

ポイント6
城下に残る名残を見つける

城跡を見たら、城下にも足を延ばしたい。注意深く歩けば、城下町時代の名残を見ることができる。

もっと楽しむために

資料館に足を運ぶ

近くに資料館がある場合も多い。復元模型や城跡から見つかった遺構などを見ることができる。

川越《かわごえ》城（埼玉県）
川越城の城下町。江戸時代の町家が、現在も店として使用されている。

地名から城跡を見つける

近所に、以下のような地名がついている場所はないだろうか。このような地名の近くには、城があった可能性が高い。城の形は残っていなくても、地名を探って歩くのもおもしろい。

「城」という字が入る
城・城山・城内・城西　など。

「館」という字が入る
館山・館林・御館　など。

「堀」という字が入る
堀ノ内・内堀・堀田　など。

「殿・屋敷」の字が入る
殿屋敷・殿山・殿前　など。

城下の集落を指す
大手町・町屋・城小路　など。

城郭施設名がつく
丸の内・馬場・城戸　など。

遺構が数多く残る城も、土塁や堀が残るのみの城も含めて、各地域の代表的な城を紹介。

北海道
松前城
五稜郭《ごりょうかく》
(→P16)
弘前《ひろさき》城
(→P18)
七戸《しちのへ》城
青森県
新発田《しばた》城
(→P78)
久保田城
秋田県
山形県
岩手県
山形城
宮城県
多賀城
会津若松城
(→P20)
仙台城
白河城(白河小峰城)
福島県

盛岡城

所在地／岩手県盛岡市

土塁の城が多い東北には珍しい総石垣づくり。石積みのプロ・穴太《あのう》衆《しゅう》（P177）によるものだという。ＪＲ盛岡駅からバスで7分。

八王子城

所在地／東京都八王子市

北条《ほうじょう》家（P152）の一族の城。小田原城攻めに先立ち、豊臣勢に落とされた。ＪＲ高尾駅からバスで5分、下車後徒歩20分。

日本全国おすすめ城マップ

東日本 45城

一乗谷館《いちじょうだにやかた》

所在地／福井県福井市
織田信長に滅ぼされた朝倉氏が築いた。背後の一乗山には戦時に使う山城《やまじろ》が残る。JR一乗谷駅から徒歩30分。

丸岡城
(→P27)
金沢城(→P26)
七尾城《ななお》
石川県
高岡城
福井県
富山県
春日山城《かすがやま》(→P151)
岐阜城
岐阜県
長野県
松代城《まつしろ》(→P97)
新潟県
上田城(→P106)
名古屋城
(→P32)
犬山城
(→P30)
岩村城
松本城
(→P28)
小諸城《こもろ》
群馬県
高遠城《たかとお》
箕輪城《みのわ》
高崎城
栃木県
躑躅ヶ崎館《つつじがさき》
(→P149)
宇都宮城
愛知県
静岡県
甲府城
埼玉県
足利氏館《あしかがしやかた》
掛川城
(→P93)
駿府城《すんぷ》
山梨県
東京都
川越城《かわごえ》(→P93)
高天神城《たかてんじん》
山中城
茨城県
神奈川県
江戸城
(→P22)
水戸城
(→P95)
佐倉城
(→P89)
千葉県
石垣山
一夜城
小田原城
(→P153)

岡崎城

所在地／愛知県岡崎市
徳川家康生誕の城。19歳からの約10年間を過ごした城でもある。現在の天守《てんしゅ》は昭和の再建。名古屋鉄道東岡崎駅から徒歩15分。

西日本 47城

竹田城
所在地／兵庫県朝来《あさご》市
標高353mの山頂にあり、雲海に浮かぶように建つ。JR播但《ばんたん》線竹田駅から徒歩60分。

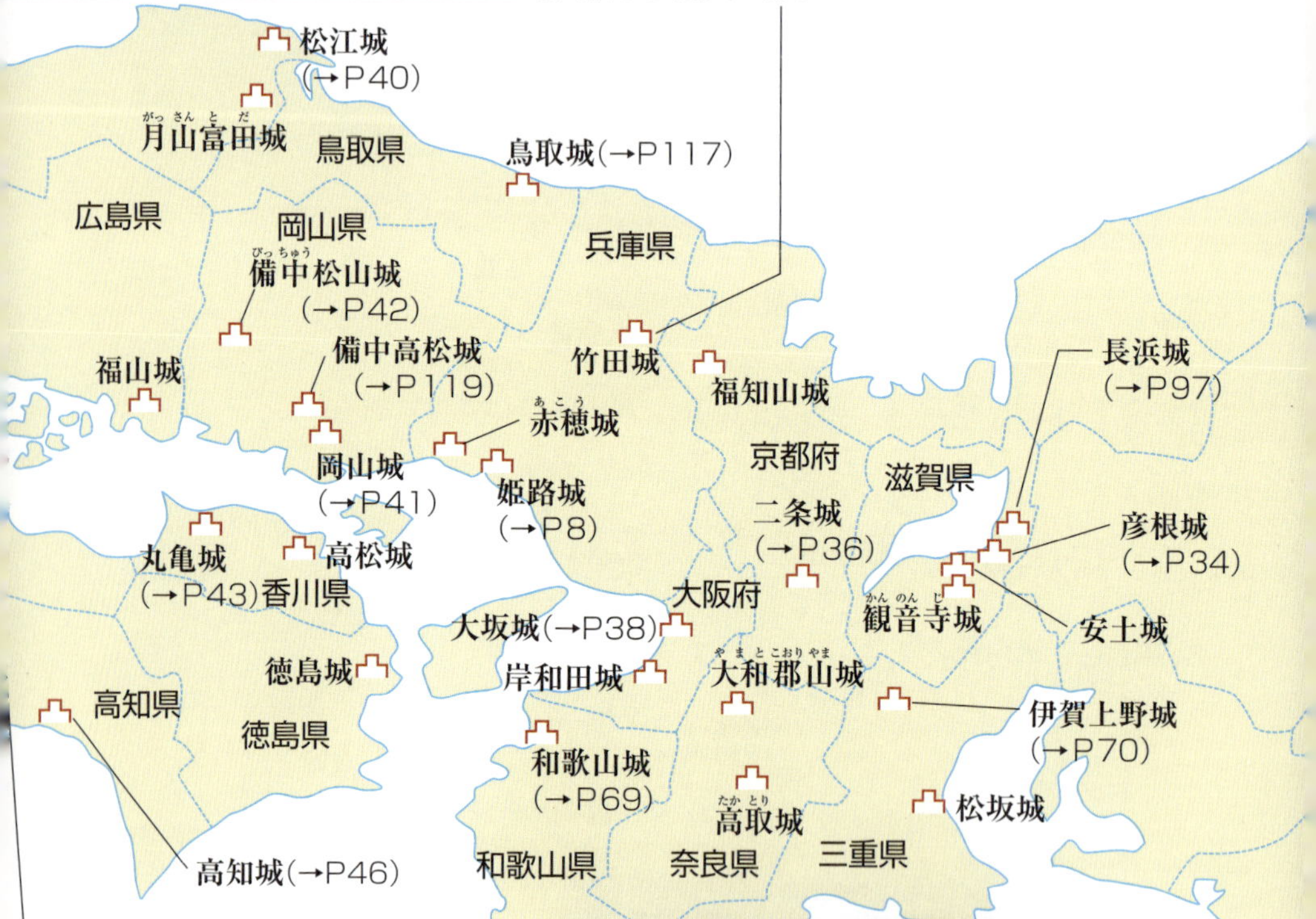

松江城
(→P40)
月山富田《がっさんとだ》城
鳥取県
鳥取城(→P117)
広島県
岡山県
兵庫県
備中《びっちゅう》松山城
(→P42)
備中高松城
(→P119)
竹田城
福知山城
福山城
赤穂《あこう》城
京都府
岡山城
(→P41)
姫路城
(→P8)
滋賀県
二条城
(→P36)
長浜城
(→P97)
彦根城
(→P34)
丸亀城
(→P43)
高松城
香川県
大阪府
観音寺《かんのんじ》城
安土城
大坂城(→P38)
岸和田城
大和郡山《やまとこおりやま》城
徳島城
高知県
徳島県
伊賀上野城
(→P70)
和歌山城
(→P69)
高取《たかとり》城
松坂城
高知城(→P46)
和歌山県
奈良県
三重県

今治《いまばり》城
所在地／愛媛県今治市
藤堂高虎《とうどうたかとら》（P156）が築いた。堀に海水が引き込まれている。ＪＲ今治駅からバスで7分、下車後徒歩2分。

岡城
所在地／大分県竹田《たけた》市
断崖に石垣が高くそびえる。唱歌「荒城《こうじょう》の月」のモデルの1つとされる。ＪＲ豊《ぶん》後《ご》竹田駅から徒歩20分。

広島城

所在地／広島県広島市
天守《てんしゅ》は広島の原爆投下で壊れたが、1958年に復元された。広島電鉄紙屋町西電停から徒歩15分。

中城《なかぐすく》城

所在地／沖縄県中頭郡北中城村、中城村
石垣づくりのアーチ式城門が特徴。那覇バスターミナルからバスで60分、下車後徒歩50分。

島根県
萩城(→P97)
山口県
岩国城
名護屋《なごや》城
平戸城
福岡城
(→P79)
小倉城
佐賀県
福岡県
長崎県
原城
大分県
伊予松山城
(→P45)
熊本城(→P48)
大洲《おおず》城
熊本県
愛媛県
人吉《ひとよし》城
宇和島城
(→P44)
宮崎県
鹿児島城
鹿児島県
飫肥《おび》城
沖縄県
今帰仁《なきじん》城
首里城
(→P50)

城豆知識クイズ Part1

Q1 「チャシ」とは、どの地域でつくられた城のこと?

① 北海道　②長崎県　③沖縄県

Q2 遊郭として使われたことのある城は?

①米沢《よねざわ》城（山形県）　②上田城（長野県）

③岡城（大分県）

ヒント　答えはこの城。

Q3 姫路城の妖怪退治をしたと伝説が残る人物は?

①豊臣秀吉　②真田幸村《さなだゆきむら》　③宮本武蔵《みやもとむさし》

Q4 石垣に使われている巨石で、日本一大きいのは?

①上田城の真田石《さなだいし》　②名古屋城の清正石《きよまさいし》　③大坂城の蛸石《たこいし》

答えはP158へ

第二章
天守から城下町まで。見る、歩く

縄張

天守にたどりつきにくいよう設計する

難攻不落の城は、しかけだらけ

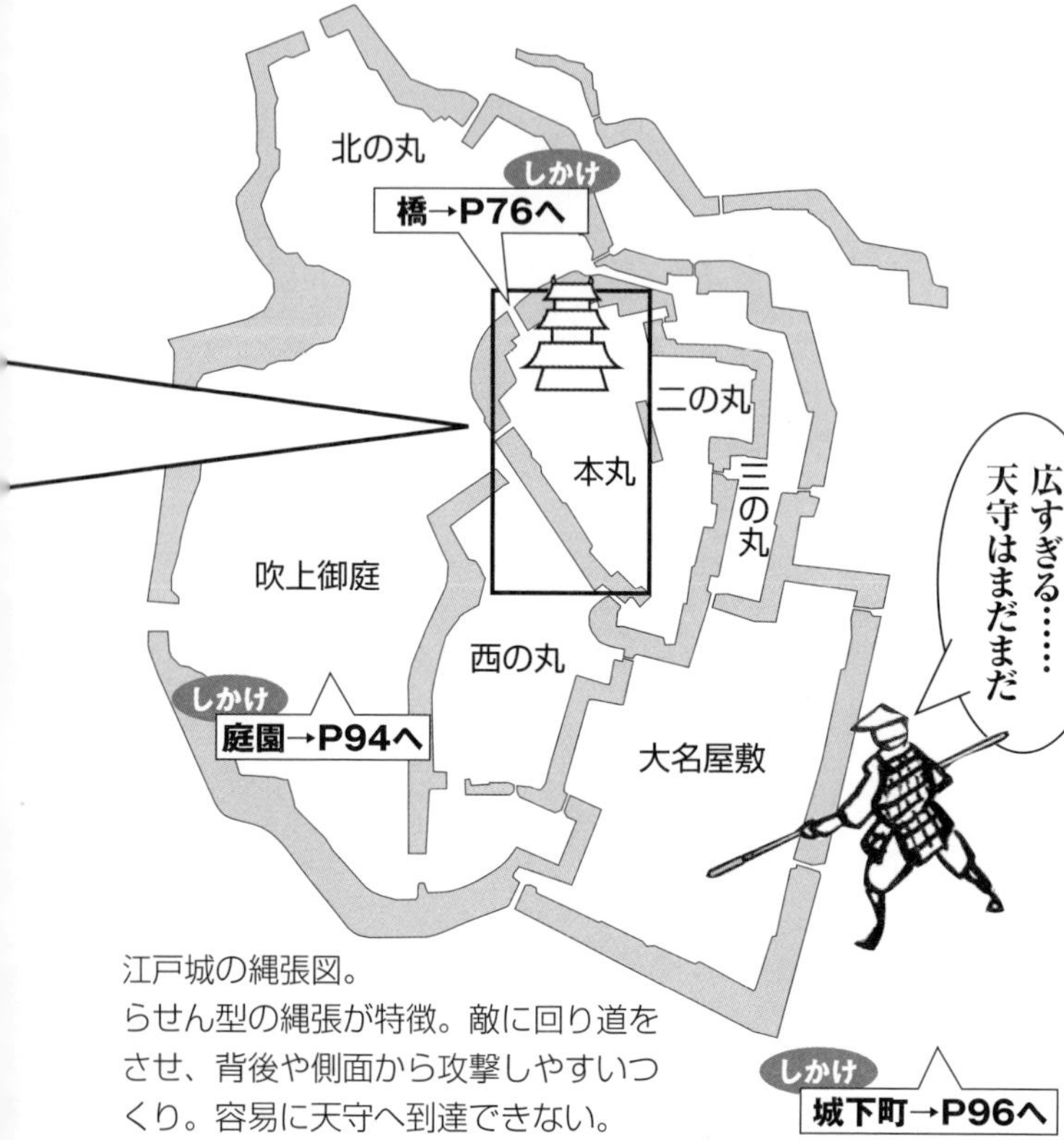
北の丸
しかけ
橋→P76へ
二の丸
本丸
三の丸
吹上御庭
西の丸
しかけ
庭園→P94へ
大名屋敷
広すぎる……
天守はまだまだ
しかけ
城下町→P96へ

江戸城の縄張図。
らせん型の縄張が特徴。敵に回り道をさせ、背後や側面から攻撃しやすいつくり。容易に天守へ到達できない。

「なわばり」というと、暴力団の支配地域を示す言葉のようだ。城の場合は、「曲輪《くるわ》」や石垣、堀などの配置を考えることを縄張《なわばり》と呼んだ。もともと、ヒモや縄を張って「ここからここまで」という具合に決めていたことに由来している。

曲輪とは城の区画を表すもので、「本丸《ほんまる》」や「二の丸」などの呼び名がある（P164）。

「本丸」は、城主の住む本丸御殿や天守《てんしゅ》が置かれた城の中枢。「二の丸」などは、おおむね本丸を囲むように配置された。これらをどう配置するかが、城づくりの第一歩だ。

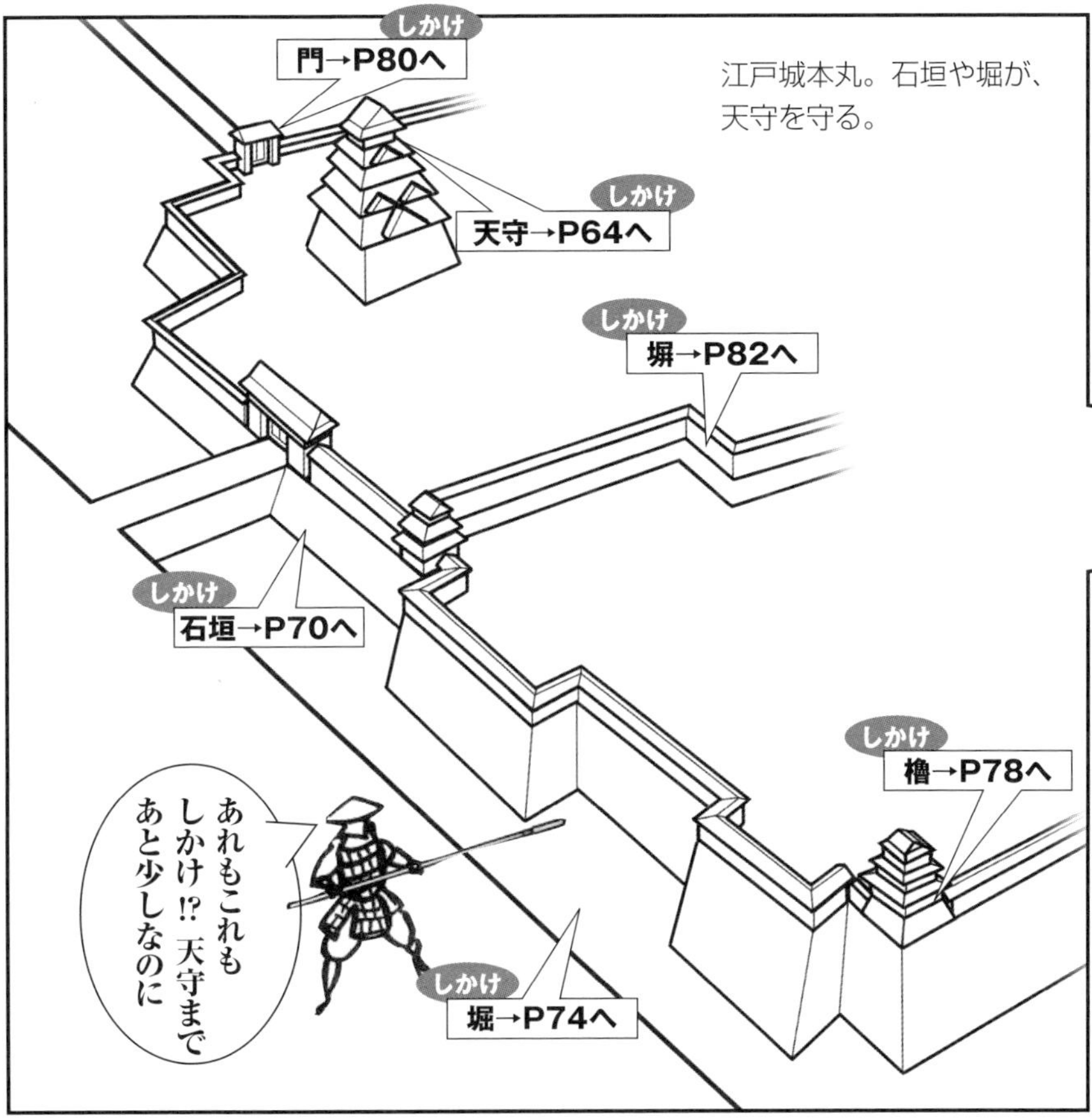
しかけ
門→P80へ
しかけ
天守→P64へ
しかけ
塀→P82へ
しかけ
石垣→P70へ
しかけ
櫓→P78へ
あれもこれもしかけ!? 天守まであと少しなのに
しかけ
堀→P74へ

江戸城本丸。石垣や堀が、天守を守る。

曲輪の配置　基本3パターン

連郭式《れんかく》

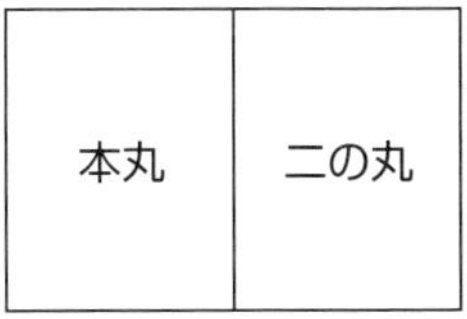
本丸
二の丸

横一列に曲輪が並ぶ。

梯郭式《ていかく》

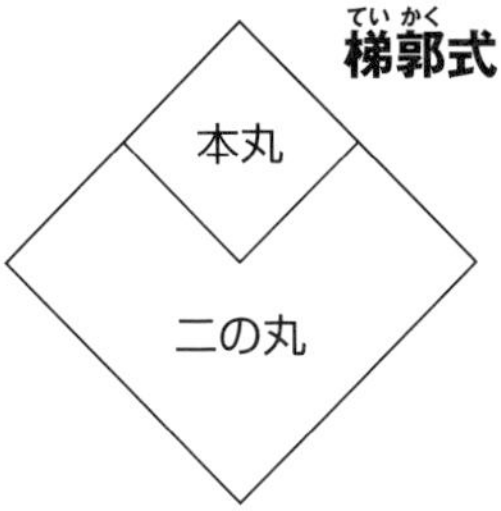
本丸
二の丸

本丸の一方、または二方に、二の丸がつながる。

輪郭式《りんかく》

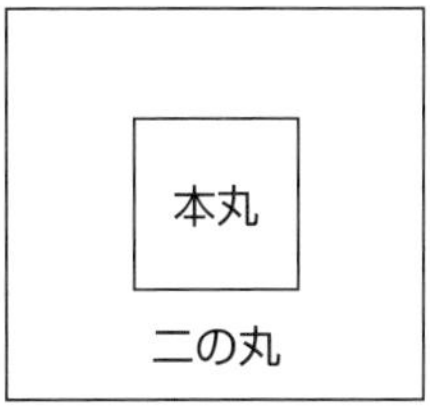
本丸
二の丸

本丸全体を二の丸が囲む。

地形に合わせて、複数の曲輪を組み合わせて配置した。

天守

城や領地のシンボルとして大名の権力を示す

天守《てんしゅ》とは、城の中心（本丸《ほんまる》）に位置する建物。今では俗に「天守閣」とも呼ばれる。城＝天守と思われがちだが、あくまで城内の一建造物である。天守のない城も数多く存在した。

本格的に天守（天主）という言葉で呼ばれたのは、安土《あづち》城に織田信長が築いた建物が最初といわれる。その後は豊臣秀吉や徳川家康が、大坂城や江戸城に巨大な天守を築き、権力を誇示した。

時代や設計者の意図により形はかわったが、堂々とそびえるその姿は、領民にとっても土地の象徴、心の拠《よ》り所であった。

天守　姫路城

鯱《しゃち》

胴体は魚、頭は竜や獅子。火事よけのまじないとして飾られた

鯱　彦根城天守内

破風《はふ》

カッコいい天守の決め手になる屋根の端部

入母屋《いりもや》破風

構造上必要なもので、最上階に必ずある。下から1つ目か2つ目の屋根にもある場合は望楼《ぼうろう》型天守、ない場合は層塔《そうとう》型天守。

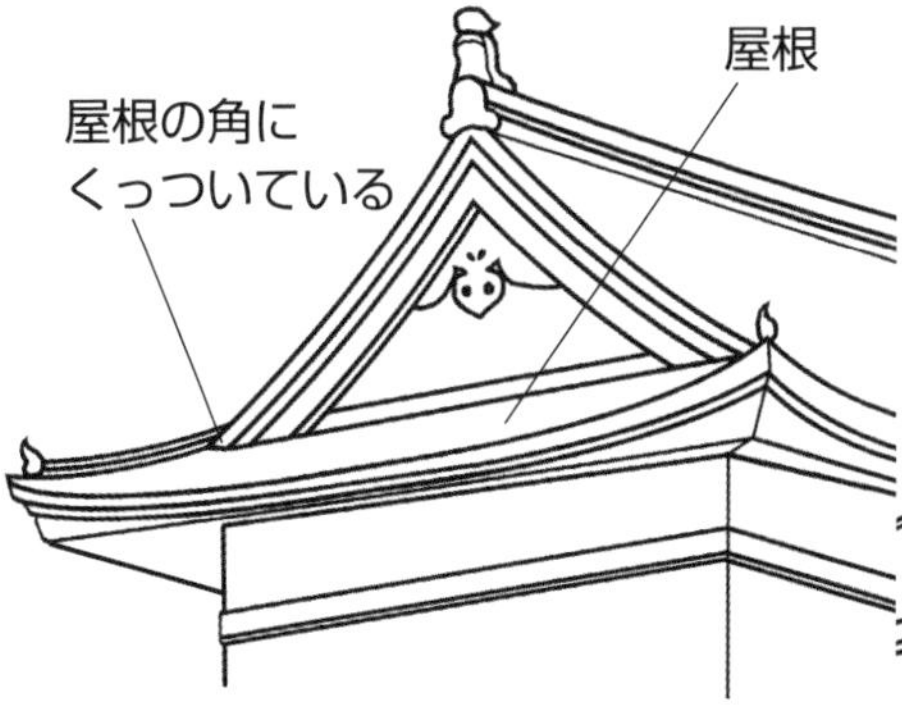
屋根
屋根の角に
くっついている

千鳥《ちどり》破風

屋根に乗った三角形の出窓。入母屋破風と似ているが、飾るのが主目的。

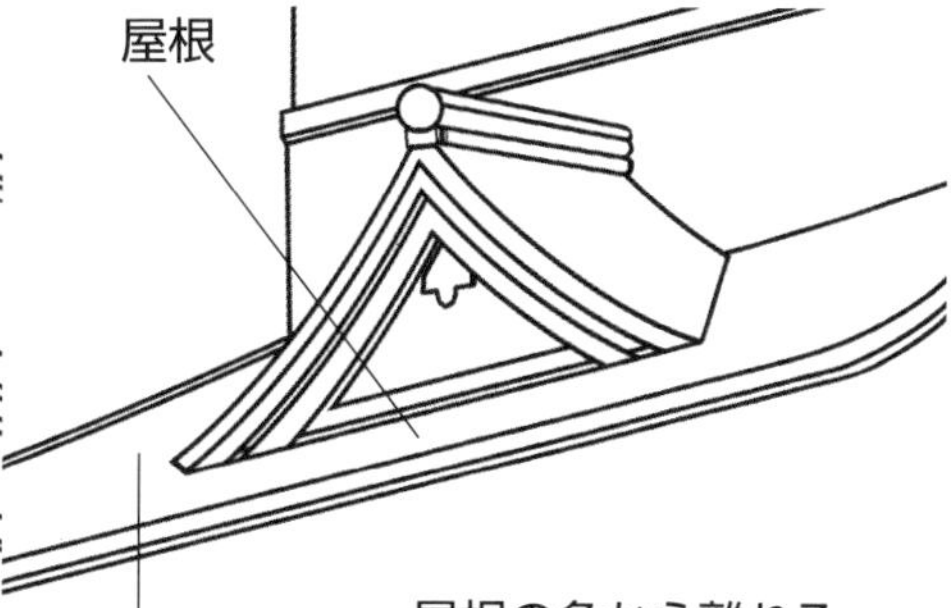
屋根
屋根の角から離れる

唐《から》破風

丸くなだらかなカーブが特徴。

切妻《きりづま》破風

軒先《のきさき》にまで出っ張っている。主に1階の出窓の上につける。

切妻破風　彦根城天守

天守

戦に備えた工夫が盛りだくさん

守

急な階段

急勾配《こうばい》のうえ、段の高さが、微妙に違う。攻めのぼる敵の勢いを削ぐ。

攻

破風の間《はふのま》

破風（P65）の屋根裏。下の屋根の軒先《のきさき》近くまで出っ張っていて、死角が少ない。攻撃の陣地になる。弓を引くほどの空間はなく、銃が使われた。

写真はすべて松本城

時代劇で大勢の家来たちが殿様に平伏するシーンがあるが、あれは天《てん》守《しゅ》のなかではなく、本丸《ほんまる》御殿などの住居内である。実際の天守は普段は空家。物置、せいぜい櫓《やぐら》としての機能があれば十分であったため、内部は質素につくられていた。

もちろん、戦争になれば城主が最後に拠《よ》るところとなるため、階段や通路は狭く、狭間《さま》や石落《いしおとし》が用意され、敵が侵入しにくい構造にはなっていた。しかし、天守まで攻め込まれては敗北も同然。その前に自害したり降伏した例が多いため、天守が戦いの舞台となることは稀《まれ》であった。

攻 & 守

最上階からの眺望

攻め寄せる敵の様子がよく見える。それに合わせて戦略を決めた。

狭間と石落

鉄砲や矢、石を放つために開けられた穴。壁の穴が狭間、下向きの穴が石落。

攻

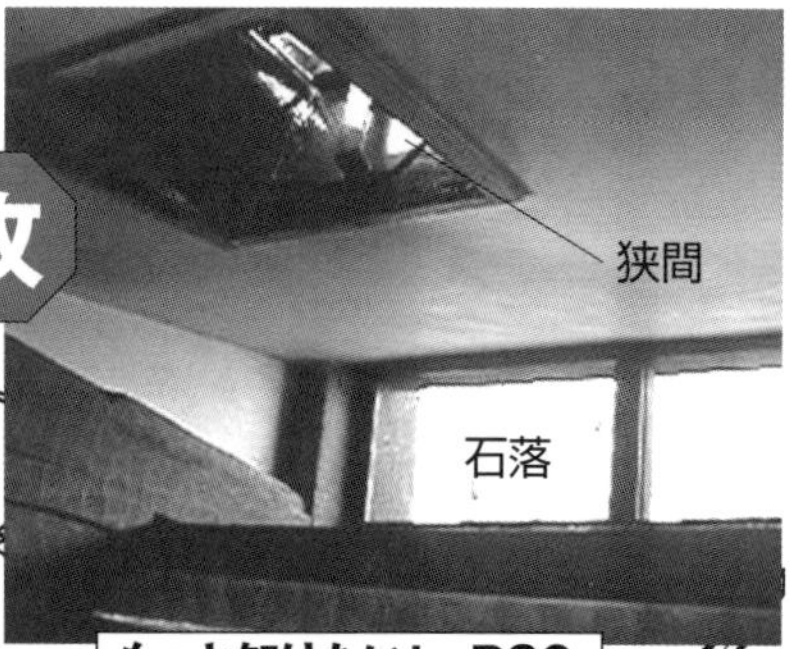

もっと知りたい!→P86

小さな天守が、天守をサポート

天守構成の4種類

天守《てんしゅ》は戦時の最後の砦《とりで》。これを守るため、天守の周囲に小天守《こてんしゅ》といわれる櫓《やぐら》がつけられることがある。

独立式

天守が単独で建つ。
弘前《ひろさき》城、丸岡城など。

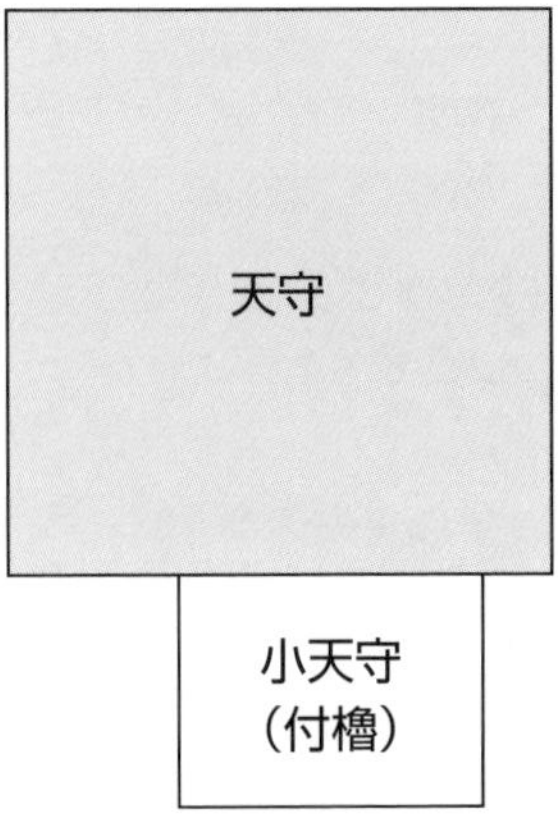

複合式

天守の入口に小天守（付櫓《つけやぐら》）がつく。
犬山城、松江城、彦根城など。

複合式の天守　松江城

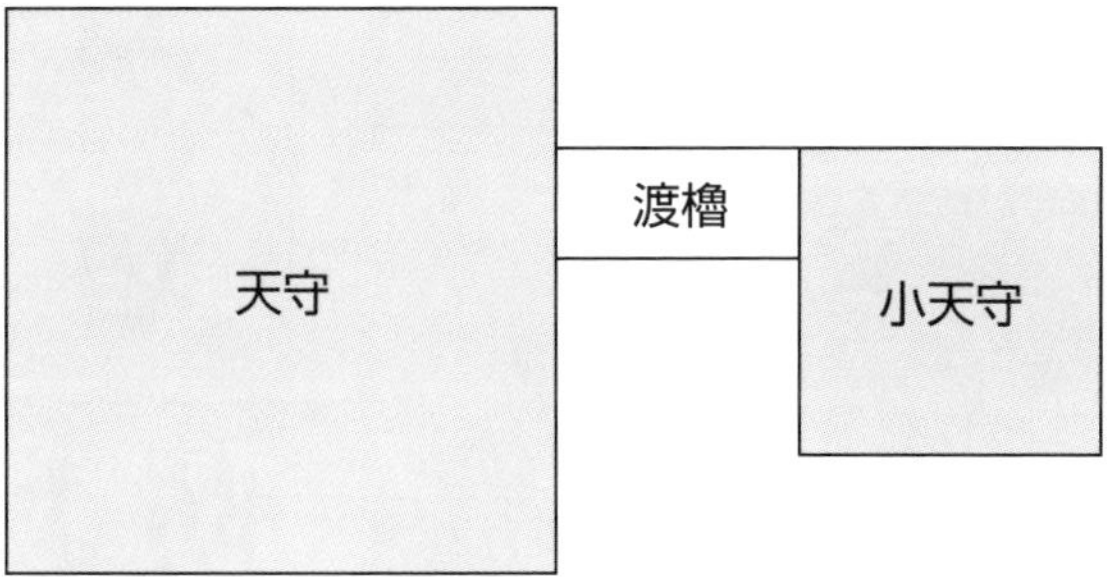

連結式

天守と小天守が、渡櫓《わたりやぐら》を通じてつながっている。
松本城など。

連立式

天守の左右、対角線上に小天守。渡櫓でつなぐ。
姫路城、伊予松山城など。

連立式の天守　和歌山城

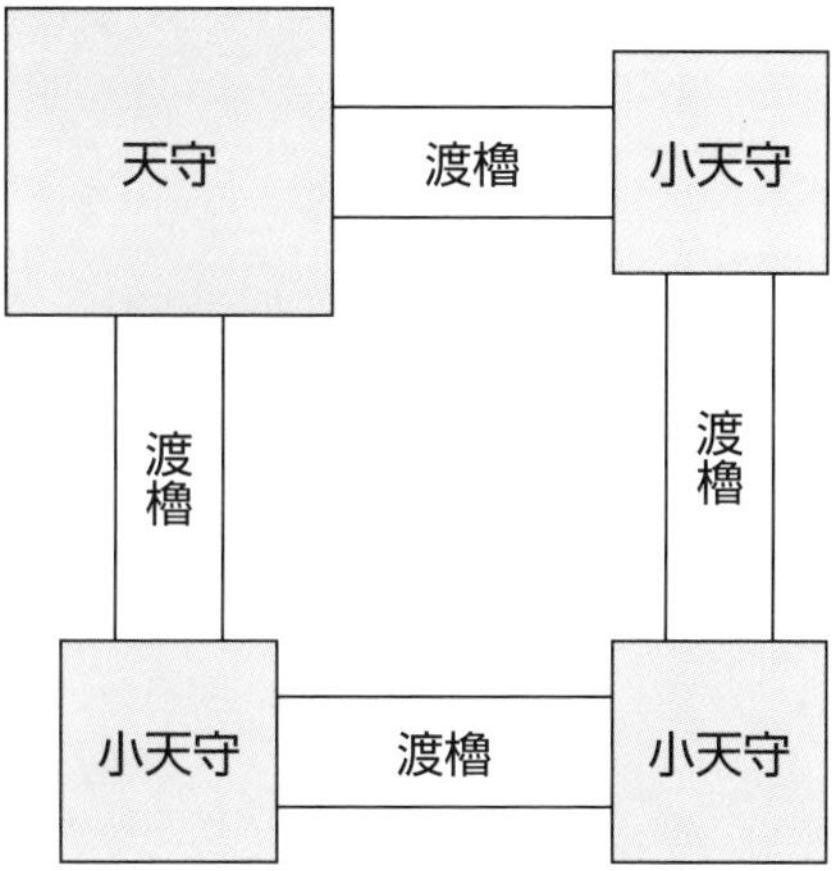

この城も行きたい

和歌山《わかやま》城

姫路城、伊予松山城と並ぶ連立式の天守

所在地／和歌山県和歌山市
徳川御三家《ごさんけ》の1つ、紀伊徳川家の城。江戸幕府8代将軍吉宗《よしむね》が若き日を過ごした。国宝だった連立式天守は戦災で焼失。現在は外観そのままに再建された天守が建つ。ＪＲ和歌山駅からバス7分。

より高く、より急勾配に。防御能力を高める

城を見に行ったときに目を奪われるのが、高くそびえる石垣や土塁のたたずまいだ。

数百年を経て建物が失われても、石垣や土塁は往時に近い姿で残されている場所も多い。

石垣は文字通り、城を防衛するための壁。天守《てんしゅ》や櫓《やぐら》の土台でもあった。

しかし、築城技術が低かった戦国時代初期や、石垣の材料となる岩が確保できない土地の場合、土砂を積み固めた土塁が、その役割を果たした。

技術的にも困難をともなう石垣づくりには、「穴太衆《あのうしゅう》」（Ｐ177）というすぐれた技術者集団が重用された。

のぼらせない石垣① 高い

藤《とう》堂《どう》高《たか》虎《とら》の「高石垣」

戦国の築城名人の1人、藤堂高虎（P156）は石垣を高く積み上げげる術に長《た》けていた。高さ日本一といわれる大坂城や、居城の伊賀上野城の高石垣は彼の設計による。

伊賀上野城の石垣

この城も行きたい

伊《い》賀《が》上《うえ》野《の》城

30mに及ぶ石垣が見られる

所在地／三重県伊賀市

大坂城の豊臣家との戦に備え、徳川家康が藤堂高虎に築城を命令した。高い石垣が見もの。伊賀鉄道上野市駅から徒歩8分。

のぼらせない石垣② 反る

熊本城の石垣

加藤清正《かとうきよまさ》の「扇の勾配《こうばい》」

加藤清正（P154）が設計に携わった熊本城の石垣は、はじめは緩やかな勾配だが、上部に行くにしたがって垂直に近くなる。この構造は「武者《むしゃ》返《がえ》し」とも呼ぶ。急勾配によるのぼりにくさと石垣の安定性の両方を備えた巧みなつくり。

石垣を屈曲させて多方向から矢を飛ばす

城の石垣は、カーブしたり折れ曲がったりしている。どの方向にいる敵も見逃さない工夫。

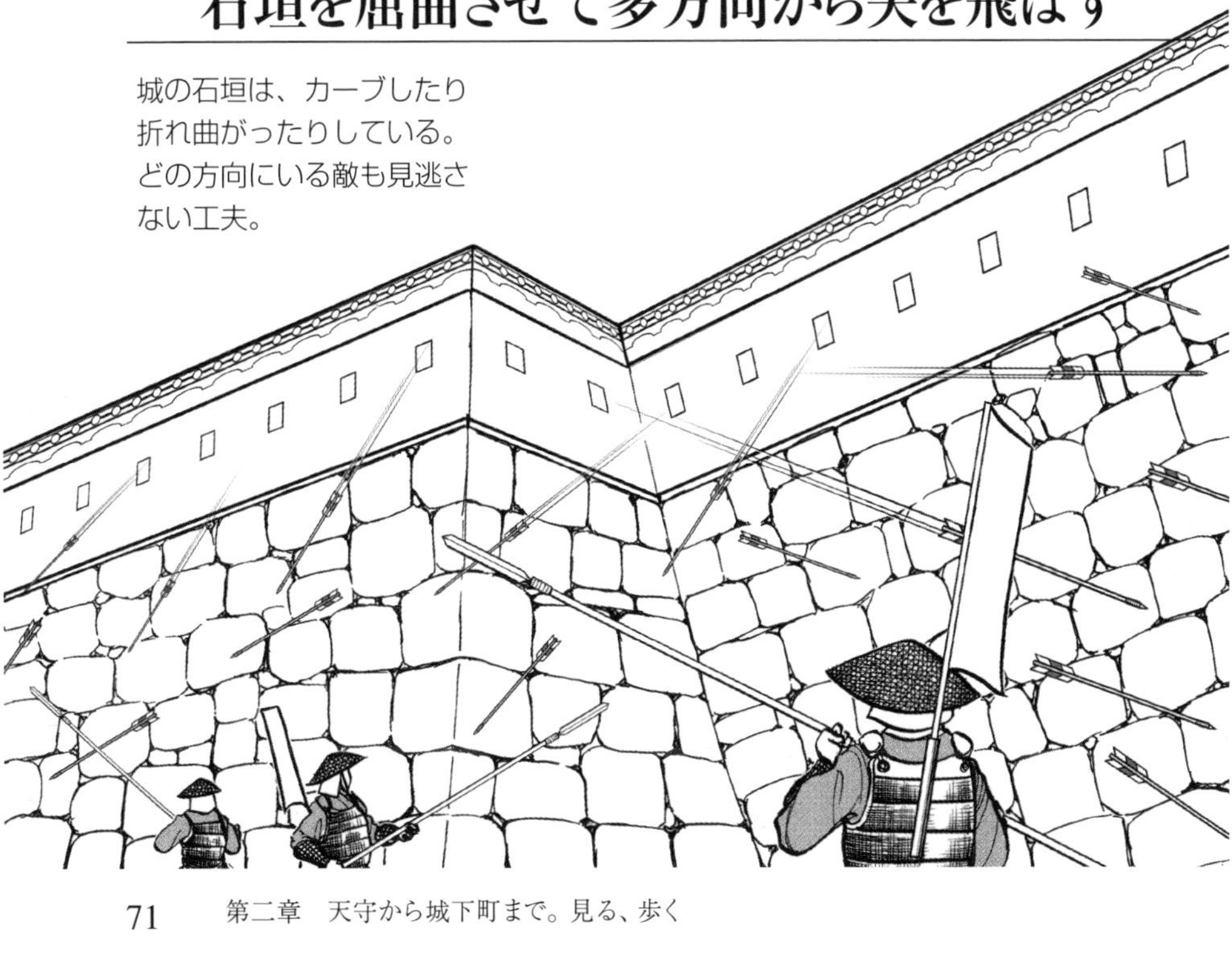

石垣

すき間のない石垣は技術の進歩を示す

石の加工具合で時代がわかる

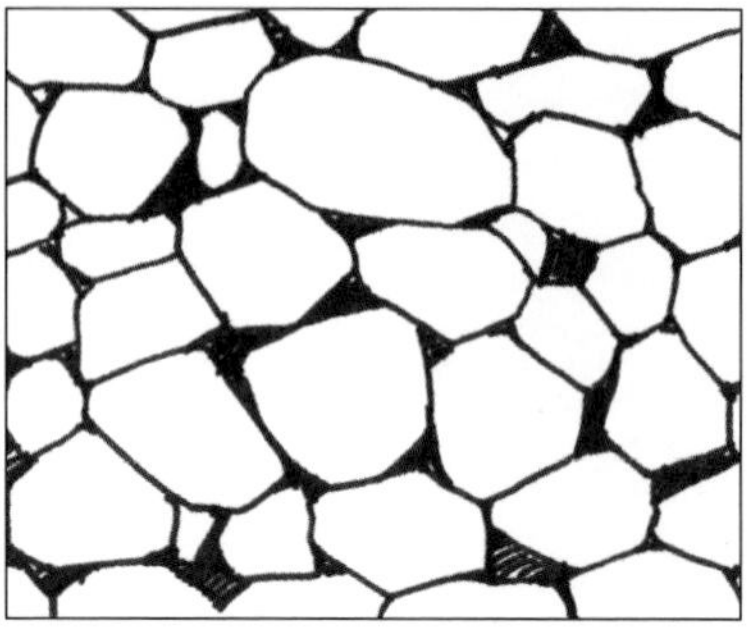

野《の》面《づら》積《づ》み

天然の石をあまり加工せずに積み上げている。すき間が多いため敵にのぼられやすい。

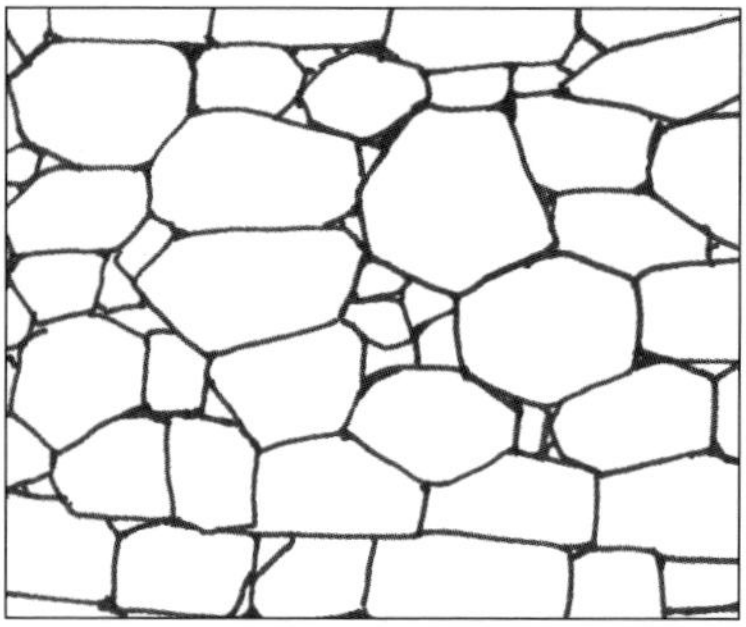

打《うち》込《こみ》ハギ

接合部や岩の角をけずることで、野面積みよりはすき間が少なく、形が整っている。「ハギ」は「接《は》ぎ」で接合の意味。

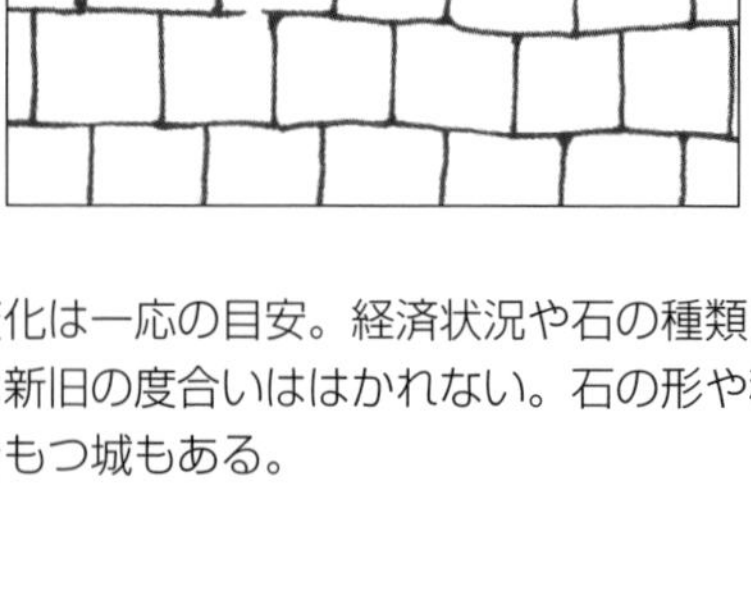

切《きり》込《こみ》ハギ

進歩した加工技術で、石を四角くけずり、パズルのピースのようにぴったり積み上げてある。

時代の変化は一応の目安。経済状況や石の種類によってもかわる。一概には新旧の度合いははかれない。石の形や積み方が異なる複数の石垣をもつ城もある。

積み方にも種類がある

布積《ぬのづ》み…段の高さを水平にそろえて積む。均等に重量がかかる。
乱積《らんづ》み…形や大きさがふぞろいの石を、うまく組み合わせて積む。

隅っこの石を見て時代を当てる

地震などの災害に備え、石垣の隅は丁寧に築かれた。整然とした算木積《さんぎづみ》が確立したのは江戸時代初期の1605年ごろ。ふぞろいであればそれ以前のものと見ていい。また、江戸中期以降は築城技術が退化したため、石の形は美しいがイビツな構造の算木積も見受けられる。

会津若松城の石垣の隅

算木積ではない隅
1605年以前のものに多い

江戸城桜田門の石垣の隅

算木積
1605年以降のものに多い

算木積とは
石垣の隅に、長方形の石の長辺・短辺を交互に組み合わせることで整然と積む。強度が高まり、見た目にも美しい。

堀

水堀の幅・空堀の高低差が、敵の進攻を阻む

満々と水をたたえた堀は、城に美観を添える大事な要素。築城時につくられたものだけでなく、自然の川や湖を利用した堀も少なくない。

ほとんどの城が周囲に堀をめぐらせているのは、外敵の侵入を防ぐ目的があったからだ。

堀には水を引き入れた「水堀《みずぼり》」と、水のない「空堀《からぼり》」がある。とくに、中世の城では空堀が多用された。山の上に城があったため、地形を生かして縦や横に堀をつくり、攻め上がってくる敵を撃退したのだ。堀底にも敵を近づけないための工夫がこらされた。

空堀と水堀がある

中世の主流

空堀は深ければ深いほどいい

多くの城が山の上にあり、水を引くことが難しかったため、水のない「空堀」が用いられた。10m近い深さがあり、落ちればダメージ大。堀底を狭くして、堀のなかの敵を動きにくくする工夫も。

空堀　高遠城

近世の主流

水堀は広ければ広いほどいい

平地に城を築くことが増え、わき水や河川の水を利用した水堀が多用された。敵が泳いで渡ることができないように、堀幅を広くすることが重要。100m以上の幅を誇る堀もあった。

水堀　彦根城

空堀　激しい起伏が、攻め入る敵の動きを制限する

堀切《ほりきり》
尾根を切断して、敵の侵入を防ぐ。

竪堀《たてぼり》
斜面を縦に掘っておくことで、攻めのぼる敵の横の動きを制限。弓矢で狙いやすくなる。

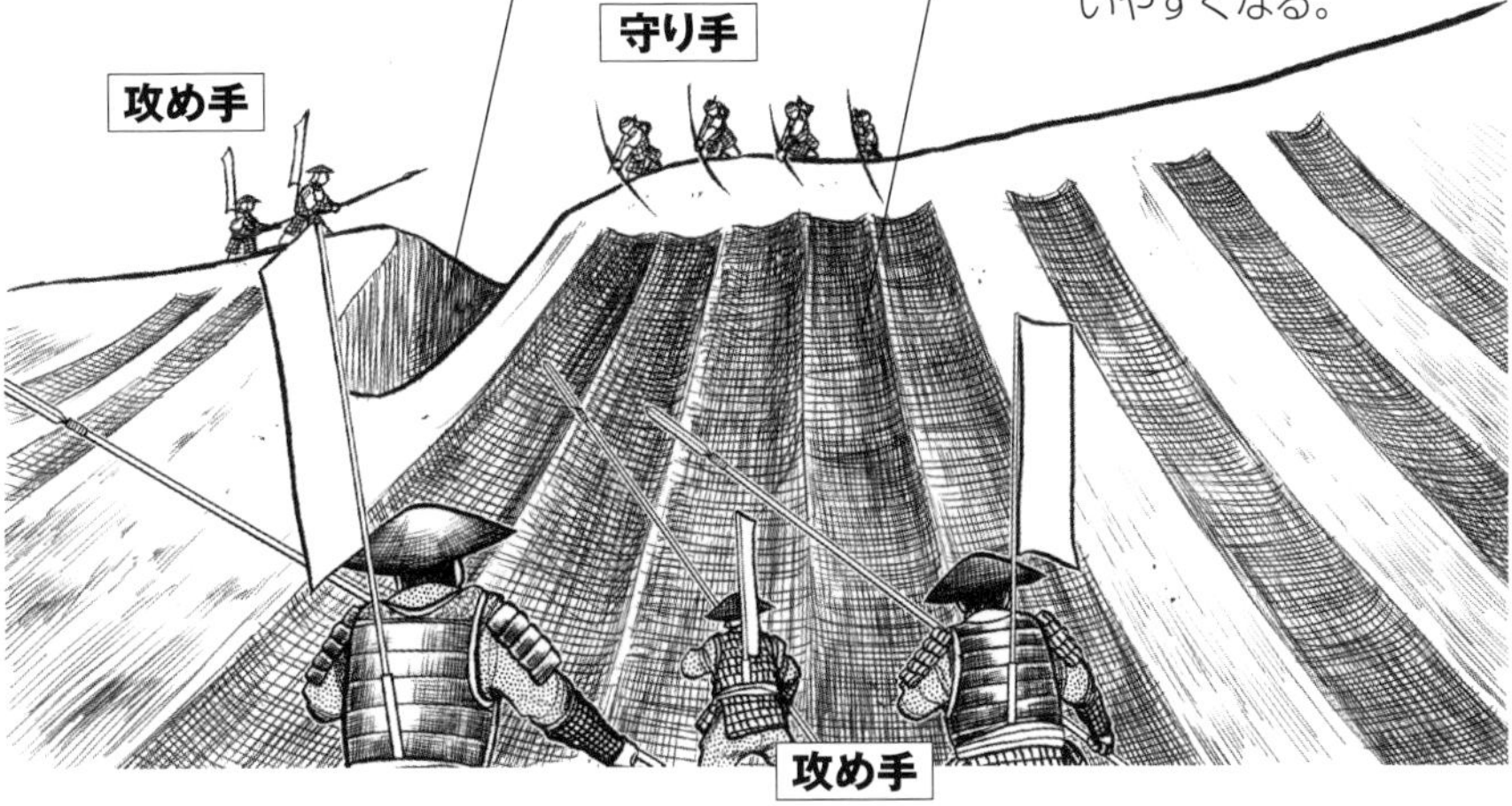

守り手
攻め手
攻め手

水堀　細工を加え、泳ぎ進む敵を撃退する

ギャー!!
ギャー!!
足になにかからまった!!

つるの長い植物を植える
堀底につるの長い植物を植える。泳ぎ渡ろうとする敵の足に植物がからみつき、動きを封じる。

水鳥
敵が来ると鳴き騒ぐ。城内に敵の侵入を知らせる。

橋

城の内外を結ぶ要。さまざまな工夫で侵入を防ぐ

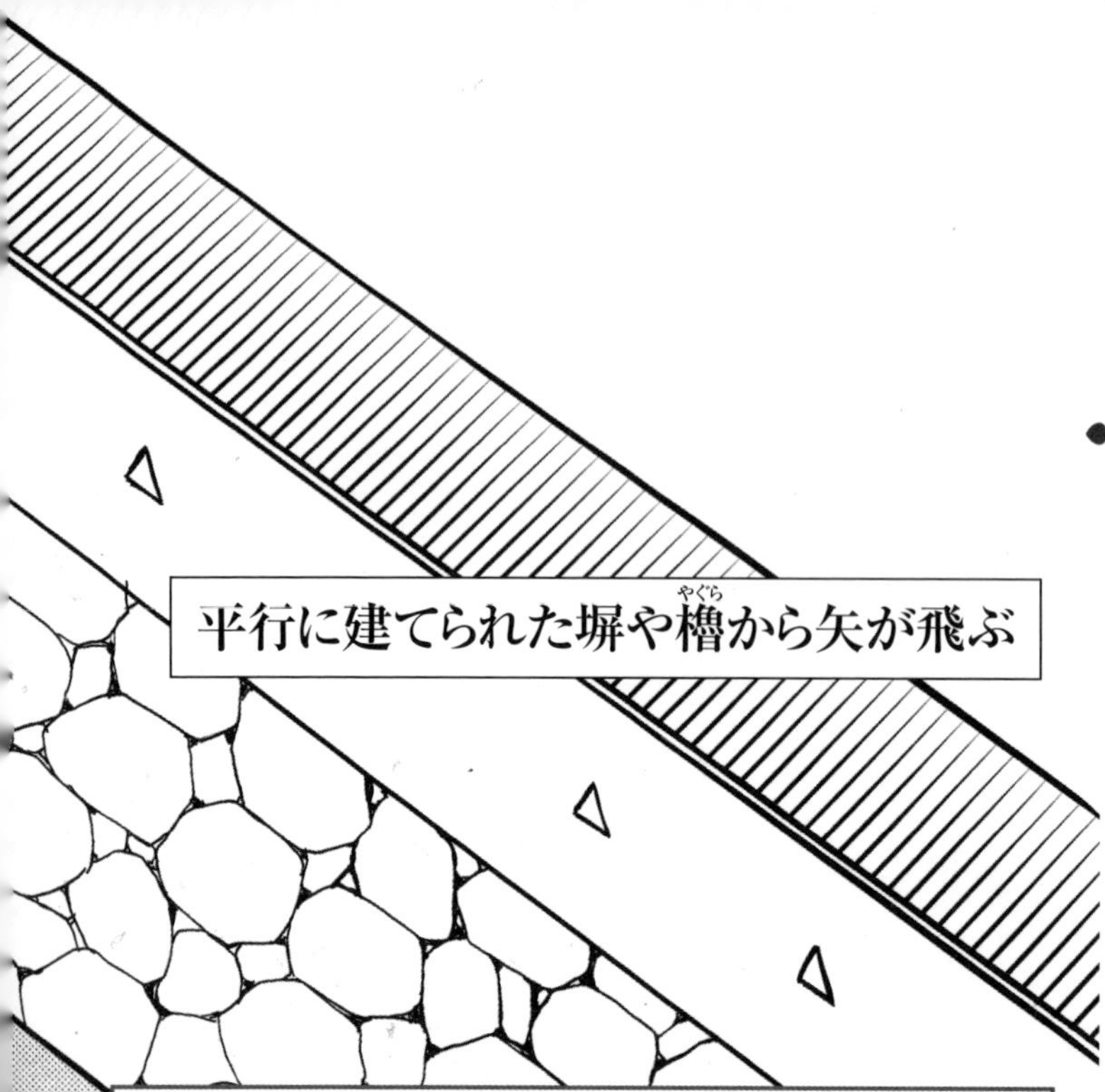
平行に建てられた塀や櫓《やぐら》から矢が飛ぶ

橋を使用した防衛手段

撤去する

橋がなくては味方が堀を渡ることができないが、そのままでは敵の侵入を許してしまう。このため、城内に引き込めるしくみをもった「引橋《ひきばし》」、縄などで上げ下ろしできる「桔橋《はねばし》」がつくられた。

足止めする

橋の幅を狭くすることで、大軍の足を止める効果があった。さらに直進を許さないよう、門から見て斜めに架けた「筋違橋《すじちがいばし》」や、アミダのように曲がった「折長橋《おれながばし》」も存在した。

桔橋

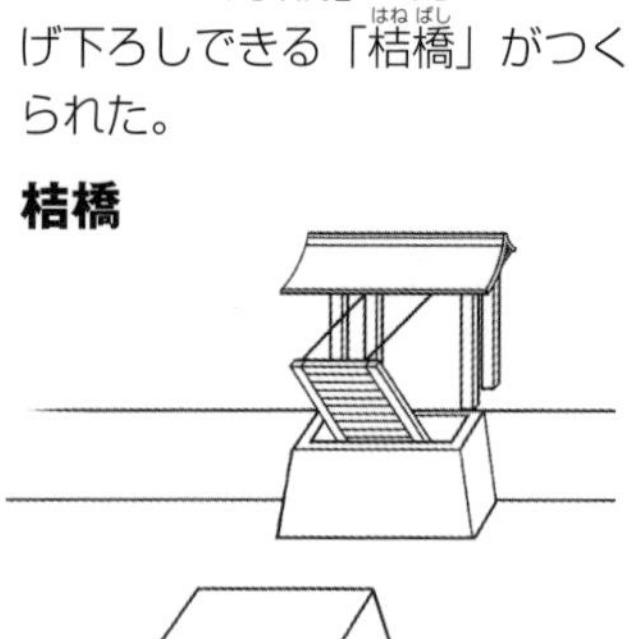

筋違橋

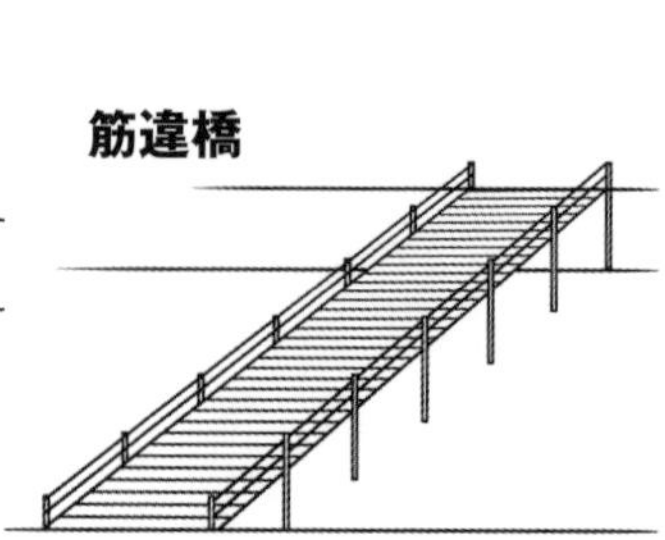

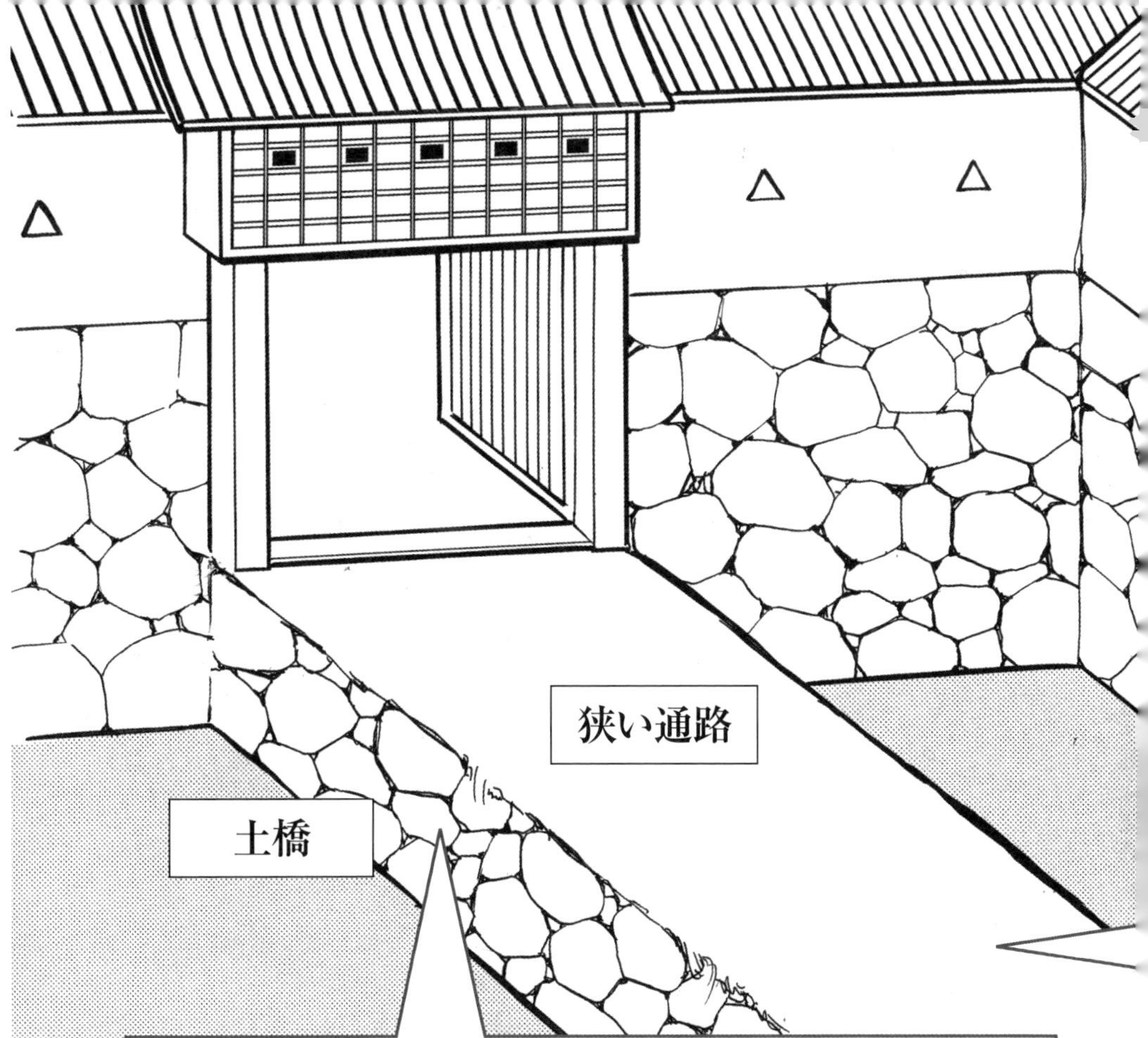

橋の2種類　木橋《きばし》と土橋《どばし》

木橋は撤去が簡単で、敵の侵入を防ぐには有効だった。土橋は堀をつくる際に残したり、埋め立ててできた通路。耐久性はよいが、敵にも格好の通路となるため、防備をしっかりする必要があった。

土橋　名古屋城

木橋　彦根城

櫓

見張り、食糧の貯蔵、月見にも重宝する

「やぐら」といえば、盆踊り大会などで目にする塔のような台が思い浮かぶかもしれない。城における櫓《やぐら》は、もともとは城にいながら遠くの様子がうかがえるように建てられた物見台が発展したものといわれる。※戦の際には将兵が籠《こ》もり、防衛の拠点に使われた。

戦国時代の城の櫓は、ほとんどが礎石《そせき》の上に建ち、建造物として存在感をもつものも少なくない。天守《てんしゅ》も櫓の発展形といえる。

一つの城に複数築かれたため、全国で一〇〇棟あまりの櫓が往時のままそびえている。

隅櫓《すみやぐら》

重要な曲輪《くるわ》の隅に建てられることが多い

曲輪（P62）の隅に位置する。複数方向を見通すことができ、防衛の拠点として重視された。

新発田城　旧二の丸隅櫓

この城も行きたい

新発田城《しばたじょう》

海鼠壁《なまこかべ》が特徴的な隅櫓は重要文化財

所在地／新潟県新発田市

旧二の丸隅櫓をはじめ、建造物は「海鼠壁」といわれる蔵のような仕様。三階櫓（左）は鯱《しゃち》を3匹もつ稀《まれ》なつくり。ＪＲ新発田駅から徒歩20分。

※「矢倉」という呼称もある。武器庫が発達したなど櫓の由来には諸説ある。

多聞櫓《たもんやぐら》 城壁と長屋の役割を兼ねる

櫓と櫓を結ぶ長く延びた建物。兵士が大勢詰めることが可能だった。戦国武将の松永久秀《まつながひさひで》が自領の多聞城に築いたものが起源とされている。

福岡城　南丸多聞櫓

この城も行きたい

福岡城《ふくおか》

丘の上の石垣に多聞櫓が建つ

所在地／福岡県福岡市

豊臣秀吉に仕えた黒田官兵衛《くろだかんべえ》を父にもつ、長政《ながまさ》の城。南丸多聞櫓は1854年の築とされる。福岡市営地下鉄空港線大濠公園駅から徒歩3分。

戦のときも、平和なときも役立つ

物資を貯蔵する

武具を保管する鉄砲櫓《てっぽうやぐら》、弓櫓《ゆみやぐら》、兵糧《ひょうろう》を貯蔵する干飯櫓《ほしいいやぐら》、塩櫓《しおやぐら》など。

風情を楽しむ

月見櫓《つきみやぐら》、富士見櫓《ふじみやぐら》、涼櫓《すずみやぐら》など。城主が、月や富士山を眺めたり、涼んだりする。

その他

太鼓櫓《たいこやぐら》　時刻を知らせる太鼓をたたく。

着到櫓《ちゃくとうやぐら》　戦時に味方の兵士を検分する。

台所櫓《だいどころやぐら》　兵糧を貯蔵したり、籠城《ろうじょう》時に、料理をする。

門

正面口には最強の門を配置する

正面入口は厳重に固める

城門は、出入口を敵の侵入から守るために建てられた防衛設備。多種多様の門がある。それぞれの建築形態や城内での位置、役割などによって、名前がつけられている。名前がわかれば、どんな門なのか知ることができるのだ。

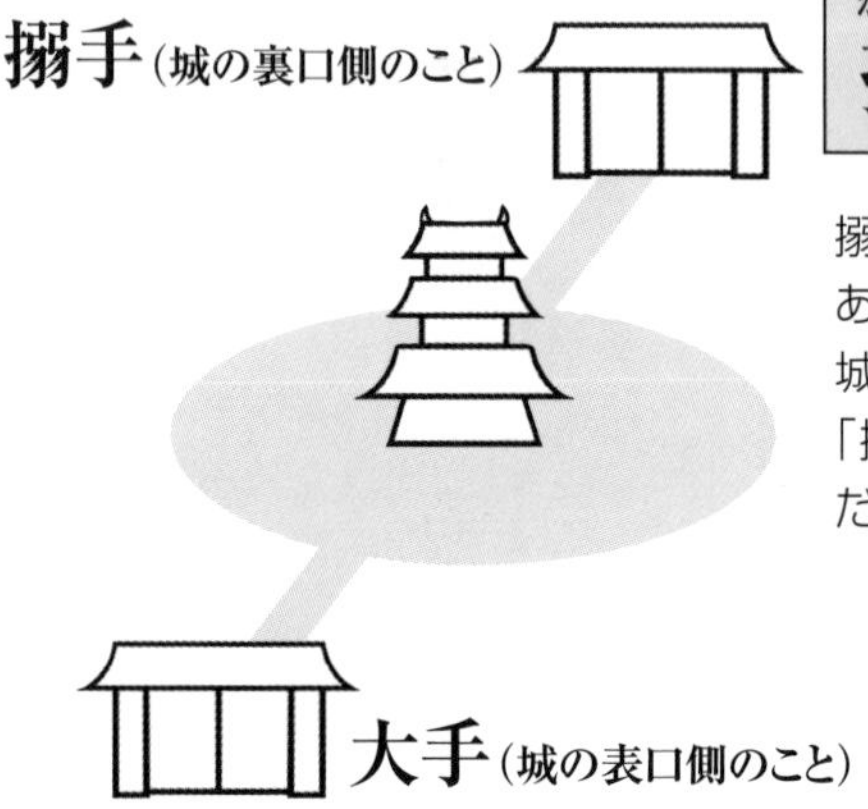

搦手（城の裏口側のこと）
大手（城の表口側のこと）

搦手門《からめてもん》

搦手の最も外側にある門、すなわち城の裏門のことを「搦手門」と呼んだ。

大手門《おおてもん》

大手の最も外側の門を「大手門」、または「追手門《おうてもん》」と呼んだ。戦に備えて堅固な備えをもち、玄関口らしく立派な門が建てられた。

門を見るなら姫路城

姫路城の中心部は「い・ろ・は…」の順に名づけられた多数の門で細かく区切られ、天守《てんしゅ》まで一気に進めないつくり。

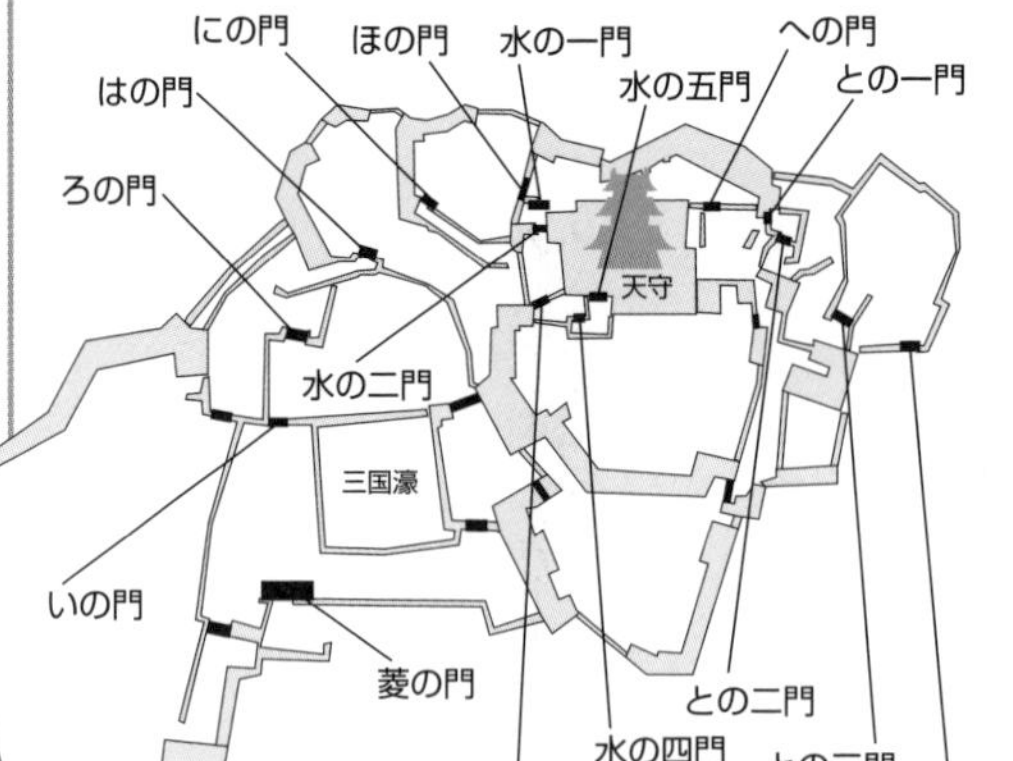

にの門
ほの門
水の一門
への門
はの門
水の五門
との一門
ろの門
天守
水の二門
三国濠
いの門
菱の門
との二門
水の四門
との三門
水の三門
との四門

姫路城全体図（城紹介はP8）

大手門の形は門の王様 櫓門《やぐらもん》

多彩な建築形態の門のなかでも、最も格式高く、防御力が高い。大手門のような重要な門に用いられることが多い。上部が渡《わたり》櫓《やぐら》になっているのが特徴。

櫓門　江戸城桜田門

高麗門《こうらいもん》で補強すればさらに堅牢

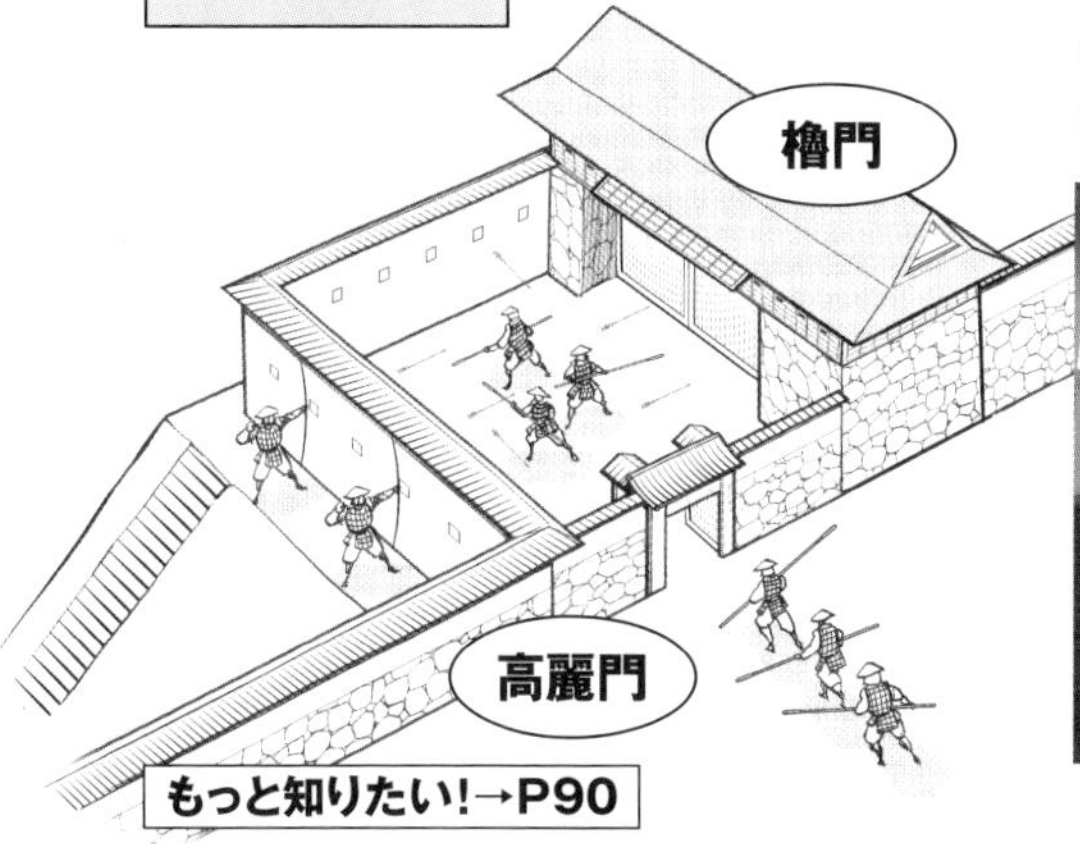

もっと知りたい!→P90

本柱を支える後方の柱にも小さな屋根がついている。

高麗門　江戸城桜田門

特別な役割をもつ門がある

入口を守るほかにも、門の役目はさまざま。

隠門　伊予松山城

不開門《あかずのもん》

鬼門《きもん》（東北方向）に建てられた門。普段、開けることはない。

太鼓門《たいこもん》

太鼓櫓（P79）の役割をもつ櫓門。

隠門《かくしもん》

敵から見えないように建つ。伊予松山城の隠門《かくれもん》が現存。

塀

城内から監視し、敵を狙撃する

物見窓《ものみまど》
城内から敵を監視するために、開けられた窓。現存例は高知城のみ。
狭間《さま》
もっと知りたい!→P86

城の内と外をさえぎり、防御設備としての役目を果たしたのが「塀」。現代よく見るのはコンクリートやブロック塀だが、戦国時代の主流は粘土や泥を塗り固めた「土塀《どべい》」であった。土だけでは心もとないため、多くの場合、なかに木の骨組みが入っていた。

土塀は、石垣や土塁の上に必ず存在するものであった。建造に手間のかかる櫓《やぐら》や門に比べ、土を塗り固めることで一応の防御機能を手軽に発揮できるためだ。とくに江戸城には、全国でも最長とされる全長一〇㎞もの土塀がめぐらされていた。

臨時の物見台
貫に板を渡すと、即席の物見台ができあがる。土塀越しに、敵の様子をうかがう。
控柱《ひかえばしら》
転倒防止のために塀を支える。
貫《ぬき》

土塀の現存は一〇城のみ

往時の城は、長大な土塀で囲まれていた。しかし明治維新以降、壊され続け、現在も残るのは、左の一〇城だけだ。

江戸城　備中松山城
金沢城　丸亀城
二条城　松山城
大坂城　高知城
姫路城　熊本城

熊本城の長塀　現存最長で、252.7m。

土塁

理想の姿は草のないつるつる

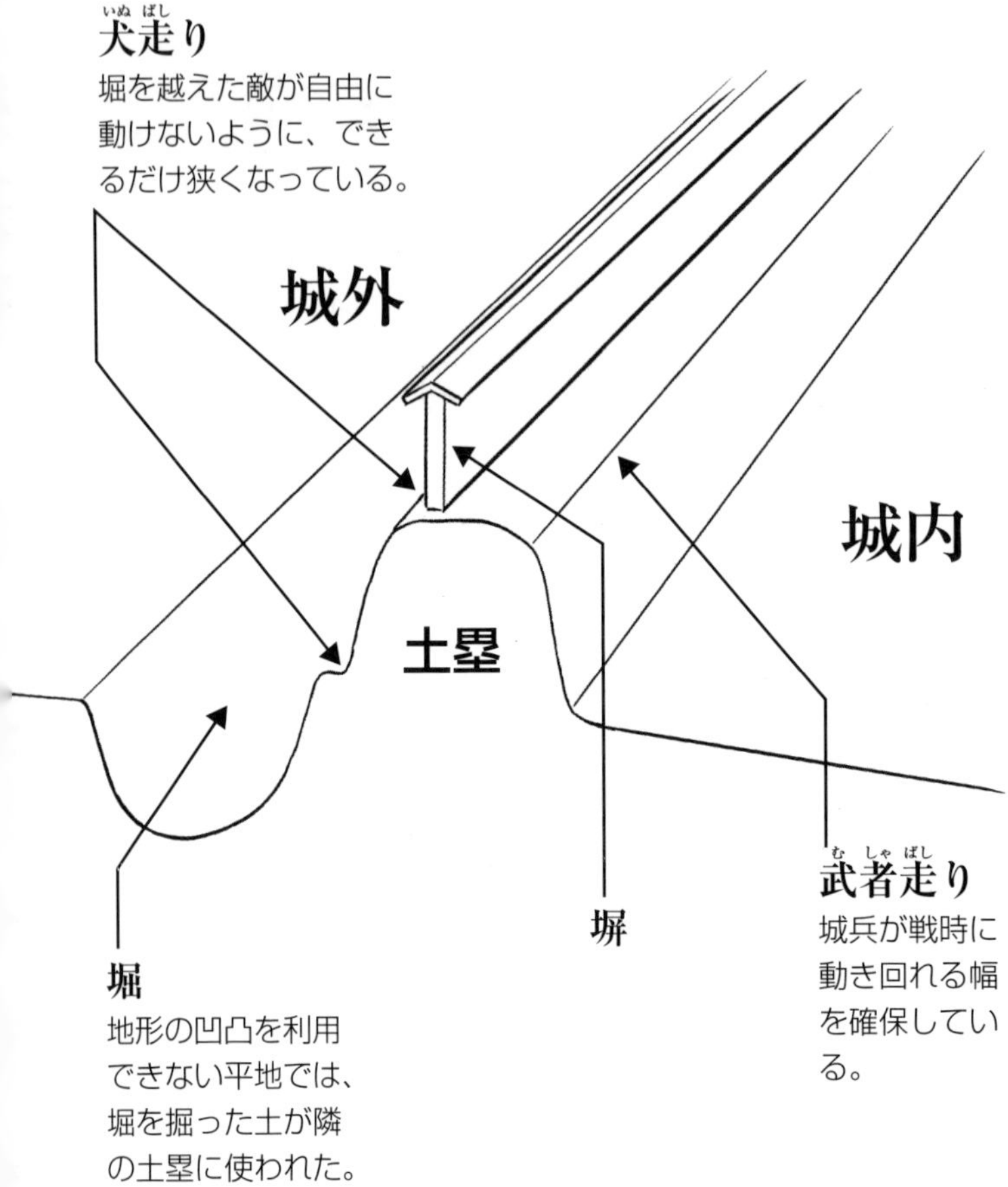

犬走《いぬばし》り
堀を越えた敵が自由に動けないように、できるだけ狭くなっている。
城外
城内
土塁
堀
地形の凹凸を利用できない平地では、堀を掘った土が隣の土塁に使われた。
塀
武者走《むしゃばし》り
城兵が戦時に動き回れる幅を確保している。

城の基本的な防御設備として、土塁の存在も忘れてはいけない。文字通り土を盛り、外敵の侵入を防ぐための壁だ。石垣や土塀《どべい》を築くにも、まずは土台となる土塁をつくることからはじまったのである。

土塁は通常、堀をつくるために地面を掘った際の土が再利用された。その高さは約二mから五m。

近世城郭では本丸《ほんまる》や二の丸など中心部に石垣を築き、三の丸など敵と直接対峙《たいじ》する機会の多い部分は、土塁ですませることも多かった。

石垣がなく、すべて土塁の上に建物が築かれていた城も多い。

叩き土塁は敵を寄せつけない

手がかりがない
からのぼりよう
がないなぁ

本来は叩きしめられた土塁

表面を固く叩きしめられた土塁は、手足をかけるところがなく、のぼれない。石垣のほうがすき間があり、のぼりやすいほどだ。しかし叩き土塁は、雨が降ると崩れる。そこで多くの城では、草を植えて補強した。

土塁　江戸城

現在の様子からは草が自然に生えたのか、人工的に植えられたのかわからない。

土塁と石垣は互いに補い合う

土塁の補強と石垣の節約が目的で、土塁と石垣が併用されることもある。土塁の上に築かれた石垣（鉢巻石垣）は上に建つ建造物の基礎になり、土塁の下の石垣（腰巻石垣）は土塁の土どめになった。

鉢巻石垣
腰巻石垣

彦根城

戦に備え、穴や出っ張りがいたるところにある

狭間《さま》

天守や塀の、四角や丸の形の穴から矢、鉄砲の弾を飛ばす

姫路城の狭間

形で武器を使い分ける

長方形 → 矢狭間《やざま》

弓は立って射るが、銃は座って撃つので、狭間の高さに違いがある。また、雨のときは火縄銃が使えない。矢狭間と鉄砲狭間を交互に設置することで、雨の戦にも対応している。

正方形・円形・三角形 → 鉄砲狭間《てっぽうざま》

石落《いしおとし》

城壁をのぼる敵に、
石を投げ落としたり、鉄砲を浴びせる

石落　松本城

忍返《しのびがえし》

張り出した槍の先が、
城壁をのぼるのをあきらめさせる

忍返　高知城天守

忍返が現在残っているのは高知城の天守のみ。

馬出

入口を囲む土塁や堀が敵の足を止める

城、あるいは曲輪《くるわ》（P62）の出入口を虎口《こぐち》という。ここは敵にも味方にも共通の出入口となる。合戦《かっせん》の場合には激しい攻防が展開された。

通常、虎口には城門や櫓《やぐら》が設けられていたが、その守備をさらに堅固にするため設けられたのが「馬出《うまだし》」だ。

虎口から出たすぐ正面に、土塁や石垣を配置し、周りに堀をうがった小さな区画である。

ちょっとしたしかけだが、敵兵は虎口をまっすぐに攻めることができない。その前に「馬出」を攻略する必要に迫られるのだ。

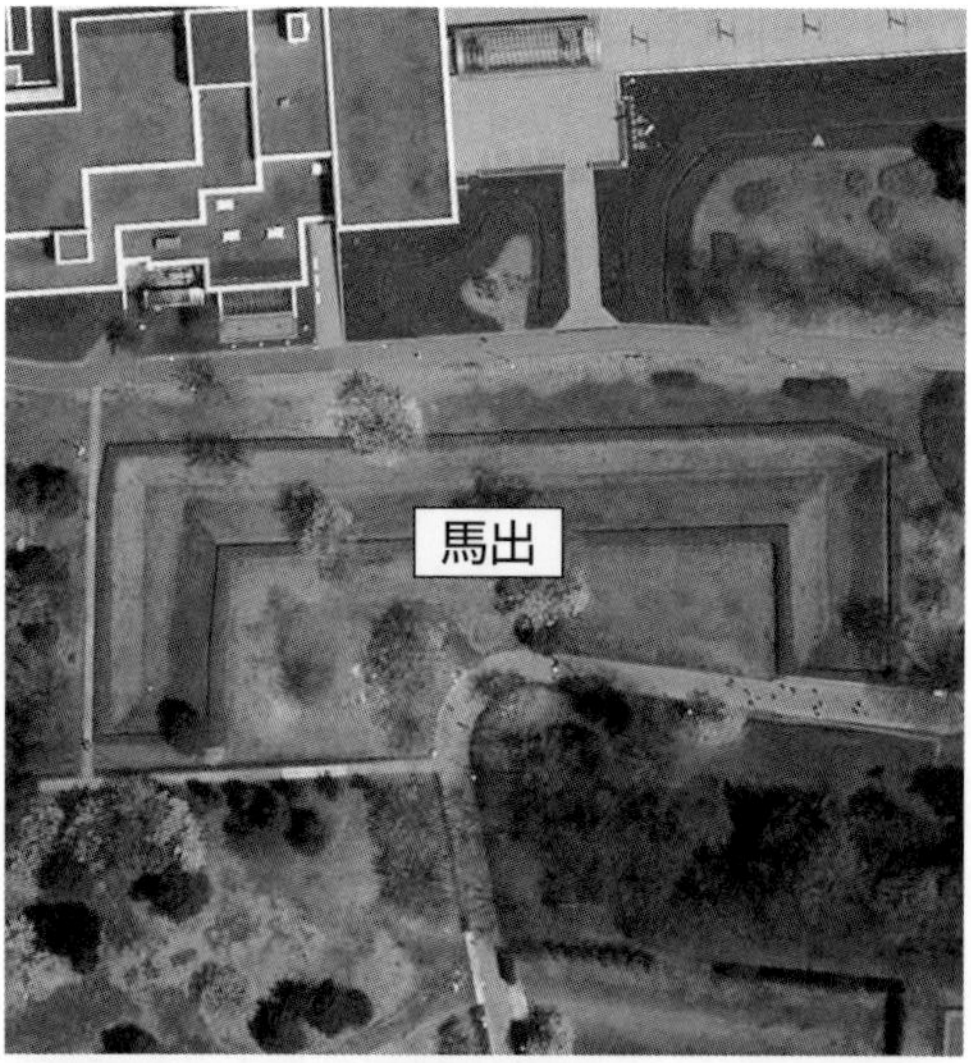

上空から見た
佐倉城角馬出

佐倉城馬出の空堀

虎口を守るために進化した

初期の馬出

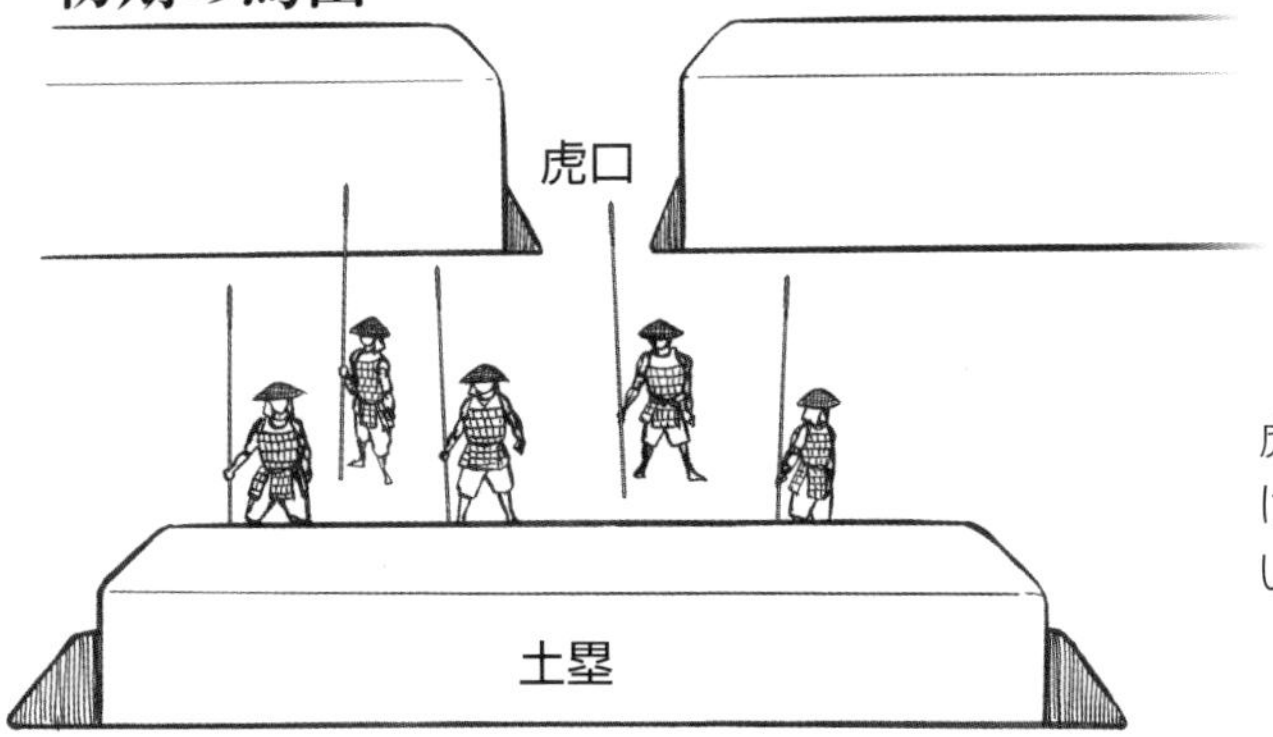

虎口の前に土塁を1本設けるだけ。一文字土塁という。

丸馬出・角馬出

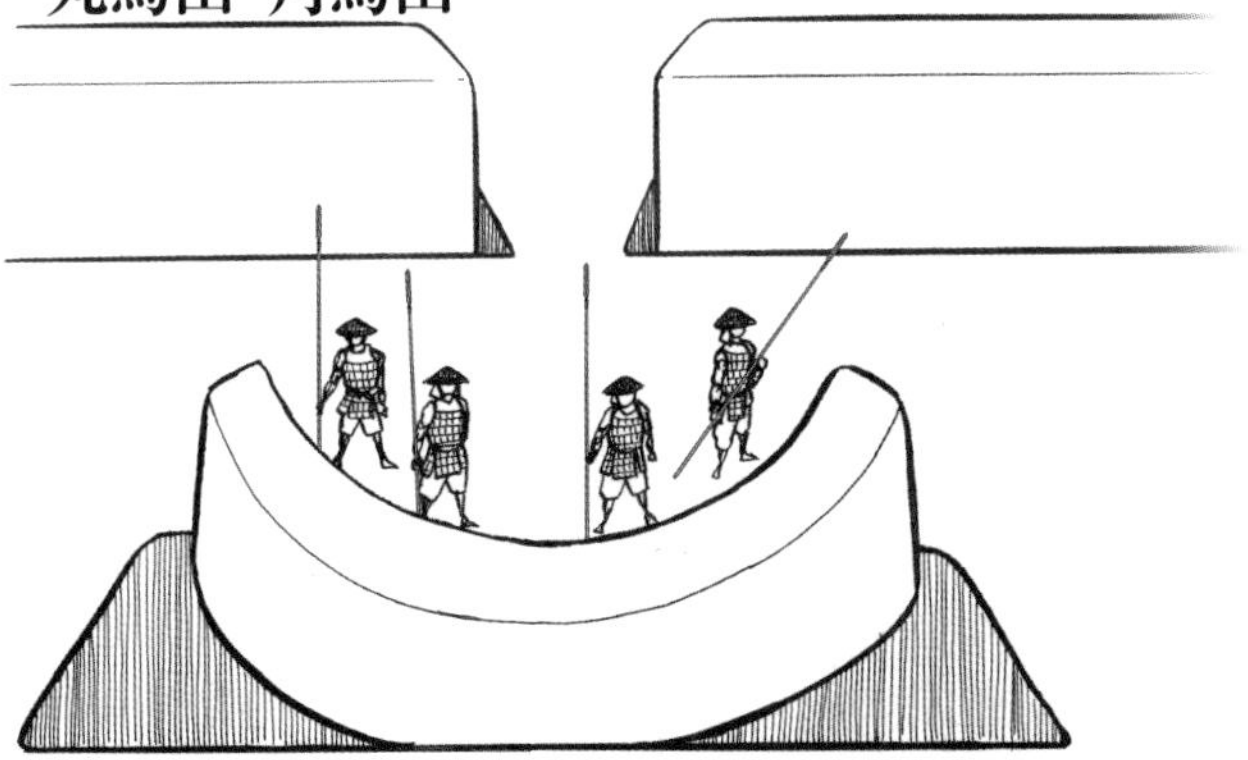

土塁を三日月状にした馬出を丸馬出《まるうまだし》、角ばった形にした馬出を角馬出《かくうまだし》という。のちに馬出の空間は広くなり、出撃のときに兵を集める施設にもなった。

この城も行きたい

佐倉城《さくら》

馬出を見ることができる

所在地／千葉県佐倉市
現在は公園となり建物は残っていない。しかし、馬出が整備されて残っている。JR佐倉駅から徒歩20分。

枡形

四角い広場。侵入した敵を挟み撃ちにする

門をくぐると……　江戸城桜田門

右側に、再び門。

城を見に行くと、大きな門は大抵が二重構造になっていることに気がつく。橋を渡って最初の狭い門をくぐると、正面と左側には塀があるだけで、右側に大きな櫓門《やぐらもん》（P81）がクチを開けている。単に二重になっているのではなく四角形、つまりちょうど枡《ます》の形のような空間になっている。これを「枡形《ますがた》」と呼ぶ。

敵兵の侵入を困難にするために考案された構造だ。はじめは櫓門の前と脇を塀で囲っているだけの城が多かったが、慶長※の後期ごろから、高麗門《こうらいもん》（P81）をあつらえ枡形で固める城が増えてきた。

※1596〜1614年の間。

広場の敵を3方向から射る

城の外側は小さい高麗門、内側が大きい櫓門となっている。入って右側に櫓門があるのは、櫓門から見て左から入ってくる敵を狙いやすくするため（一般に右利きの人が多いため）。

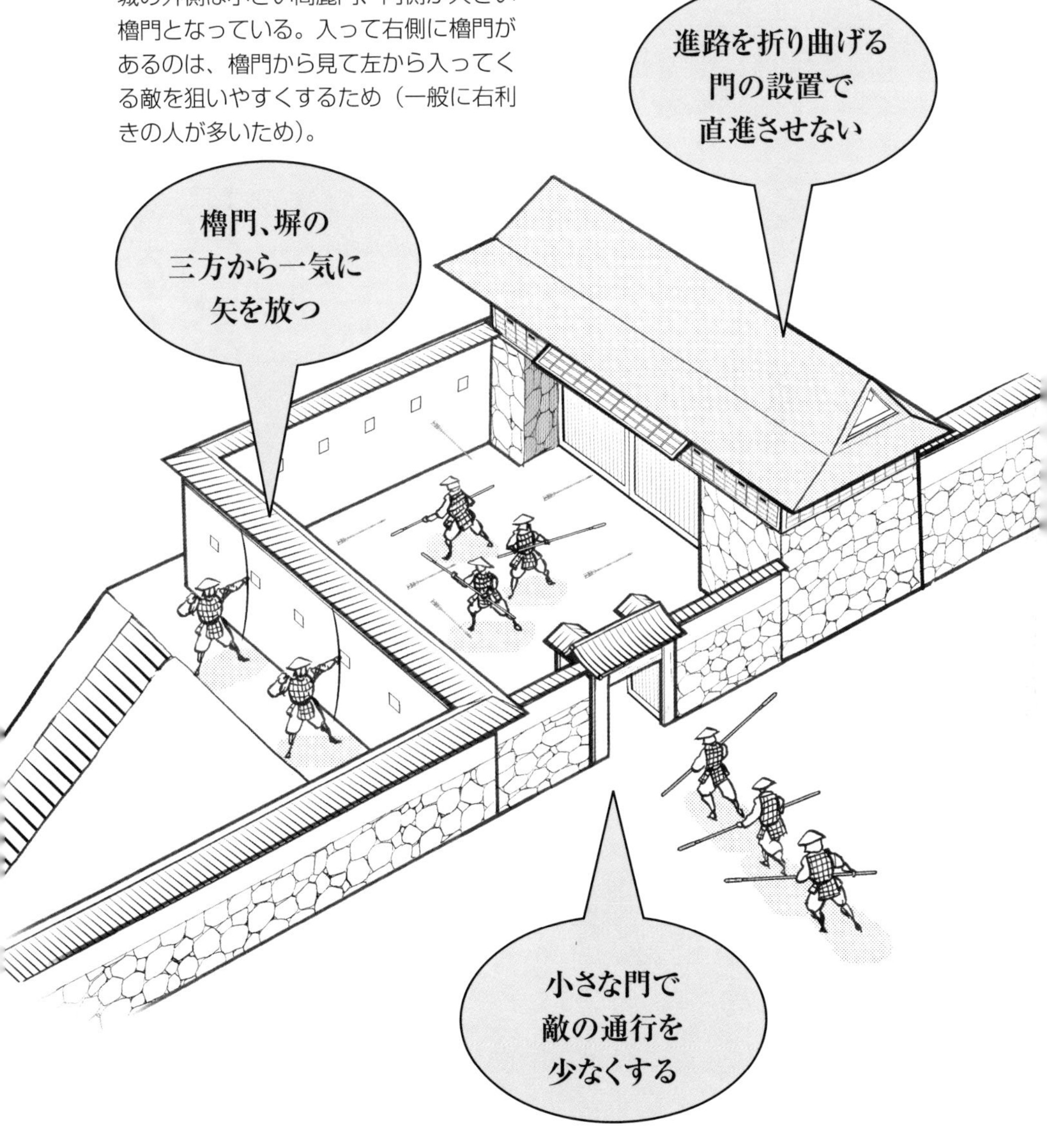
進路を折り曲げる門の設置で直進させない
櫓門、塀の三方から一気に矢を放つ
小さな門で敵の通行を少なくする

御殿

城主の生活の場。風呂・茶の湯・能を楽しんだ

二条城二の丸御殿・外観

広大な規模
1000坪を超えるものが多い。二条城二の丸御殿は約1000坪。最大は江戸城。本丸御殿だけで1万3000坪もあった。

二条城二の丸御殿・内部

内部は豪華
広い部屋がいくつも連なり、襖《ふすま》や壁を金色に塗るなど、華やかに飾り立てられている。

大名が、城内で政務を執ったり日常生活を送っていたのは、「天守《てんしゅ》」ではなく「御殿」と呼ばれる屋敷だった。客人や他国の使者をここに招くこともあった。その多くは非常に豪華なつくりである。

「本丸《ほんまる》御殿」はその名の通り、城の中心部である本丸にあったもの。戦国時代後期には天守とともに城の中核をなす建物であった。ただ、本丸は面積が狭いため、二の丸や三の丸に御殿が置かれた城も多かった。

天守や櫓《やぐら》ほど堅牢なつくりではなかったためか、残っている御殿は少ない。

城主は御殿で遊興三昧

風呂

お殿様はサウナ好き

戦国時代の風呂は、蒸気で体を温めて汗を流す蒸し風呂、いわゆるサウナが一般的だった。江戸時代になると、現在のような全身を浴槽に浸からせる風呂が広まった。

茶の湯

茶室でリラックス

当時の城内や御殿には必ず茶室がつくられた。茶会は会合の手段として広く好まれ、すぐれた茶器を所持したり、作法を身につけることは武士のたしなみだった。

能

庭で能鑑賞

現代でいう演劇の舞台として好まれたのが能や狂言など。当時は庭園や芝生《しばふ》に面した屋外に舞台が設けられた。現在も能舞台に屋根があるのはその名残。

この城も行きたい

川越《かわごえ》城

小江戸の風情残る城下町に、本丸御殿がたたずむ

所在地／埼玉県川越市

江戸城の築城で知られる太田道灌《おおたどうかん》が1457年に築城。江戸時代には、江戸に近い要所として、幕府の重臣が城主を務めた。玄関部分が残る本丸御殿は1848年建造。JR川越駅から徒歩20分。

掛川《かけがわ》城

二の丸御殿が完全に近い状態で残っている

所在地／静岡県掛川市

二の丸御殿は幕末に建造。現在は復元された天守も建つ。妻の「内助の功」で有名な山内一豊《やまうちかずとよ》の城でもある。JR掛川駅から徒歩7分。

残っている御殿は二条城(P36)、高知城(P46)などわずか。

庭園

戦が起こると、池は堀に、築山は土塁に

偕楽園《かいらくえん》
水戸城の西南にある。

城内に自然を取り入れた曲輪《くるわ》（山里《やまざと》曲輪）や、城から少し離れたところにある大名庭園は、日ごろ戦や政務で疲れている城主にとって癒しの場だった。

戦になったときの想定もバッチリ

敵じゃぁー!!
かくなるうえは
庭へ向かえー!!

庭園は、有事の際に曲輪として籠城《ろうじょう》の場となる。1614〜1615年の大坂の陣（P123、P142）では、籠城した豊臣側が最後に山里曲輪に逃げ込んでいる。

戦に役立つ池、築山《つきやま》、植物

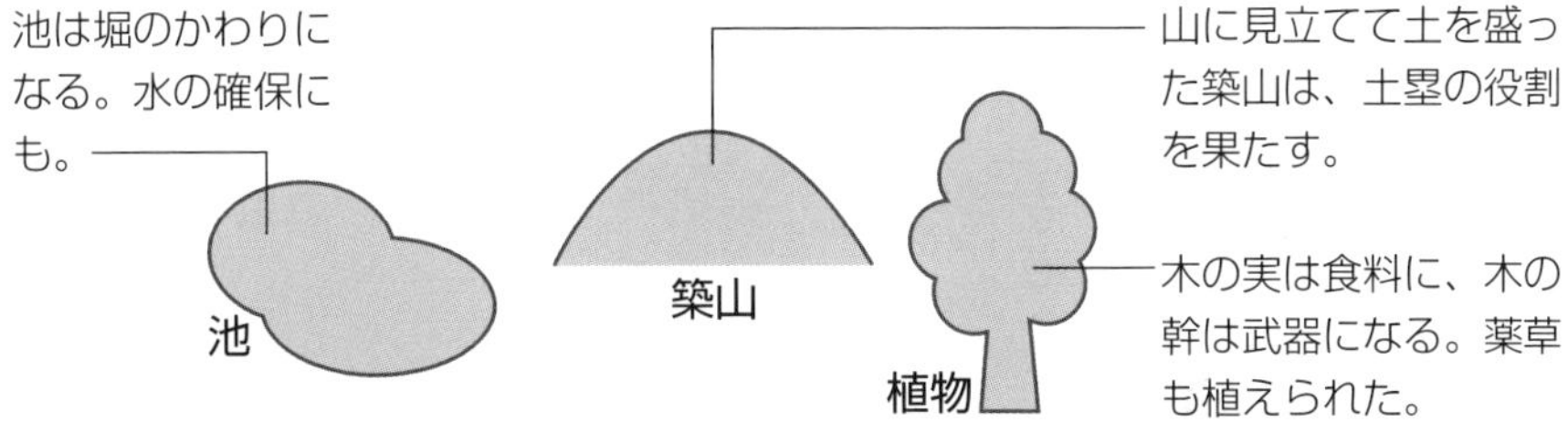
池は堀のかわりになる。水の確保にも。
池
築山
植物
山に見立てて土を盛った築山は、土塁の役割を果たす。
木の実は食料に、木の幹は武器になる。薬草も植えられた。

この城も行きたい

水戸城《みと》

日本三大庭園の1つ
偕楽園が見どころ

所在地／茨城県水戸市

徳川御三家の水戸徳川家の城。保存状態のいい空堀《からぼり》や土塁が残っているほか、薬医門《やくいもん》が移築保存されている。JR水戸駅から徒歩10分。

水戸の偕楽園、金沢の兼六園《けんろくえん》、岡山の後楽園《こうらくえん》の3つを日本三大庭園という。

城下町

城を中心に発展。今も町並みに面影をとどめる

侍、町人、寺。身分でくくる町づくり

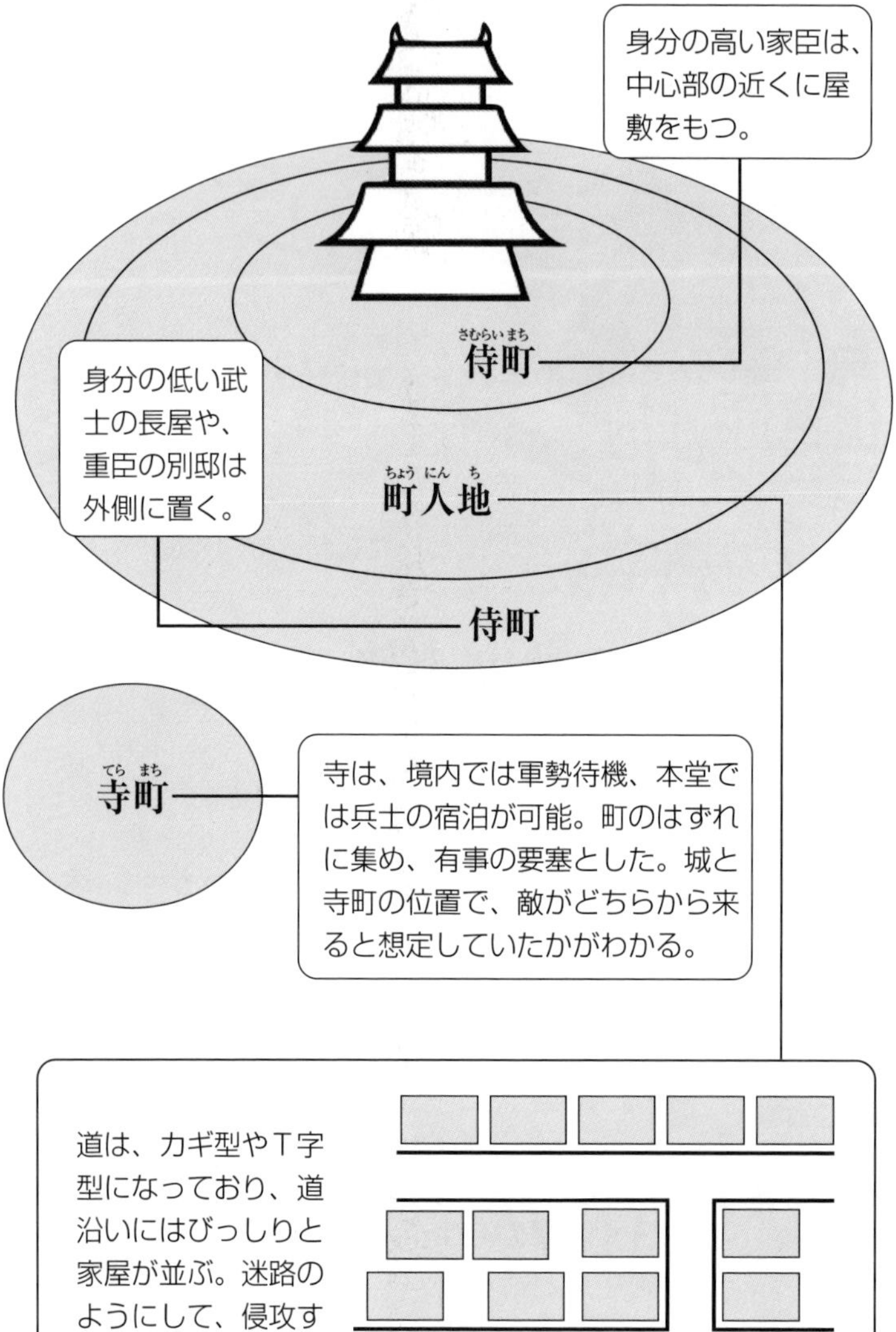
身分の高い家臣は、中心部の近くに屋敷をもつ。
侍町《さむらいまち》
身分の低い武士の長屋や、重臣の別邸は外側に置く。
町人地《ちょうにんち》
侍町
寺町《てらまち》
寺は、境内では軍勢待機、本堂では兵士の宿泊が可能。町のはずれに集め、有事の要塞とした。城と寺町の位置で、敵がどちらから来ると想定していたかがわかる。
道は、カギ型やT字型になっており、道沿いにはびっしりと家屋が並ぶ。迷路のようにして、侵攻する敵が先を見通せない工夫。

この城も行きたい

松代城《まつしろ》

藩邸や武家屋敷、寺社が昔のままに建ち並ぶ

所在地／長野県長野市

1553～1564年の川中島合戦《かっせん》に備え、武田信玄《たけだしんげん》が築いた海津《かいづ》城にはじまる。真田《さなだ》氏が城主だった時代の藩邸や武家屋敷が残っている。長野電鉄松代駅から徒歩5分。

長浜《ながはま》城

豊臣秀吉が城下町経営に力を入れた

所在地／滋賀県長浜市

秀吉築城当時から城下町が栄えた。安土《あづち》・桃山時代の終わりに廃城となった後も、町は栄え、今にいたる。秀吉時代の外堀の名残が見られる。JR長浜駅から徒歩7分。

萩《はぎ》城

江戸時代の地図が今も使える

所在地／山口県萩市

戦国武将毛利元就《もうりもとなり》が築城した。城は堀や石垣が残るだけ。しかし、交通の不便さから都市化が遅れたことが幸いし、古い町並みをほとんどそのままに伝えている。JR玉江《たまえ》駅から徒歩20分。

町は、もともとは戦争の際に使われる城とは区別されていた。

戦国時代の後期、織田信長が武士を城のまわりに居住させ、城下町が発展した。

城下町は、城を防衛する役目をもっている。道の両脇に家屋をびっしりと配置したり、川や堀、城門を配するなど敵の侵攻を防ぐ工夫がこらされた。城攻めとなれば、まず城下町が戦闘の舞台になったため、しばしば焼き討ちの対象にもされた。

また、城下町は領国経営や商業の中心地。町の繁栄は、城主の力のもとである。そのため、城下町の計画は築城の際に慎重に決定された。

現在も県庁所在地になるなど、都市の中心として、その痕跡をとどめる場所が多い。

地形から城を建てた事情がわかる

城は、山城《やまじろ》・平山城《ひらやまじろ》・平城《ひらじろ》とおおまかに三つのタイプに分類される。

まず、敵に攻められた場合に備え、防衛しやすい拠点として築かれたのが山城である。この天然の要害《ようがい》に籠《こ》もるだけで、攻める側の労力は大変なものとなるからだ。

しかし、山城は住むには不便。平時はふもとの館《やかた》に起居していた。二つをまとめて、平地に臨む丘陵に築かれたのが平山城。戦国時代中期以降はこれが主流となる。

適当な山がない場合は、河川に面した水城《みずじろ》や、周囲に堀を幾重にもめぐらせた平城が築かれた。

軍事・経済・政治。目的に応じた4タイプ

山城

天然の地形を利用。難攻不落の城が簡単にできる

険しい山の地形をそのまま活用し、山肌に築かれた天然の要塞。南北朝時代から戦国時代初期までの城の主流。

◆代表的な山城

岩村城（岐阜県）／岐阜城（岐阜県）／高取《たかとり》城（奈良県）／竹田城（兵庫県）／備中松山城（岡山県）

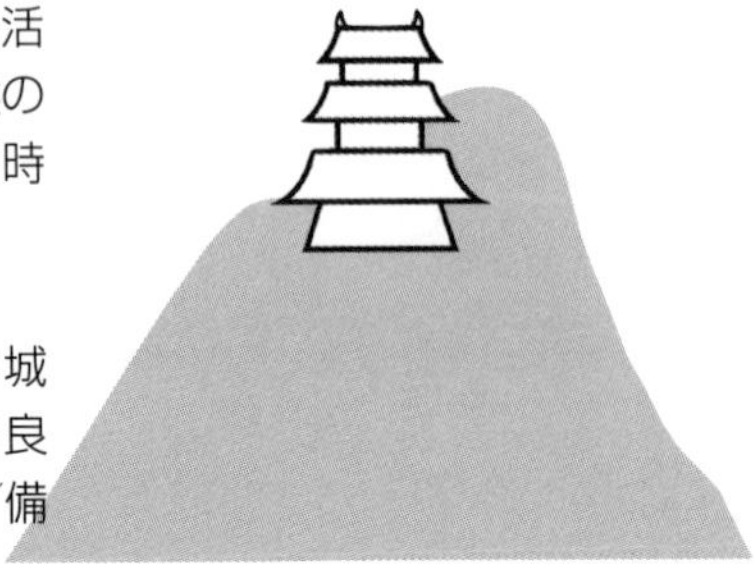

城の場所をかえた

①銃が登場

射程距離の長い銃が使われはじめたことで、防御に必要な堀の幅が延び、広い面積が必要に。

②戦用から権力の象徴へ

天下統一前後から戦が減りはじめた。権力を誇示するため、城を見せつけやすい地形が求められた。

平山城

山城の堅固さと平城の利便性をもつ

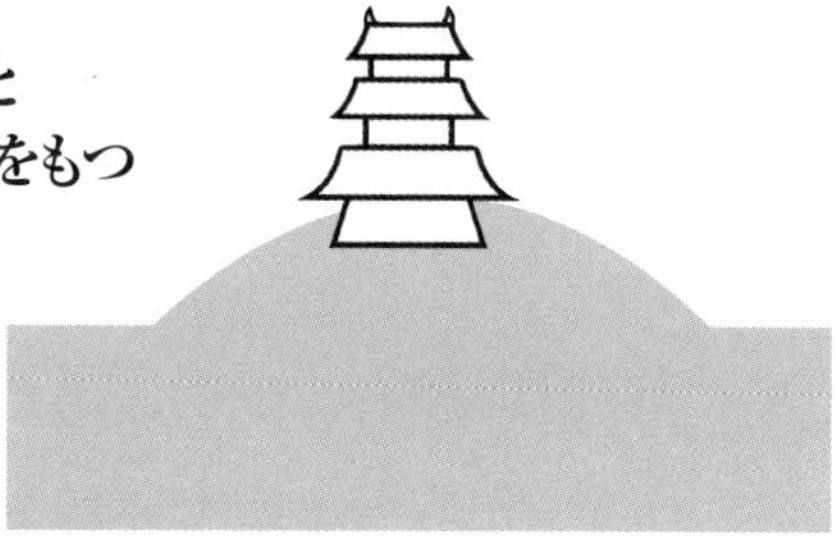

山城ほど険しくなく、平城のような平地でもない山や丘陵に築かれた。戦国時代終盤から多数築かれ、有名な城も多い。丘城とも呼ばれる。

◆代表的な平山城

仙台城（宮城県）／安土《あづち》城（滋賀県）／彦根城（滋賀県）／姫路城（兵庫県）／熊本城（熊本県）

平城

兵力の収容率が高く、城下町もつくりやすい

平地に築かれた。戦乱がしずまったころから江戸時代初期に多くつくられ、主に城下町の政庁としての役割を果たした。

◆代表的な平城

江戸城（東京都）／名古屋城（愛知県）／二条城（京都府）／大坂城（大阪府）／広島城（広島県）

3つの要因が

③家来が増えた

権力が集中するにつれて、大名の部下が増加。多くの部下が住むための城下町が必要になった。

平城の仲間

水城

海や湖を堀に。水運も使える

基本的には平城と同じだが、河川や海、湖を天然の水堀とし、そのほとりに築かれた。水に浮かんで見えるため浮城《うきじろ》とも呼ばれた。

◆代表的な水城

高島城（長野県）／大津城（滋賀県）／高松城（香川県）／今治《いまばり》城（愛媛県）／中津城（大分県）

城豆知識クイズ Part2

Q5 姫路城の天守《てんしゅ》に設置されていないものは?

①トイレ
②流し
③風呂

姫路城天守

Q6 「天守をあげる」とはどういう意味?

①天守を燃やす　②天守をつくる　③天守を移築する

Q7 江戸城にある「不浄門」とは、どんなときに使われた門?

①トイレの汲み取りのとき　②死人を運び出すとき
③将軍がおしのびで町に出るとき

Q8 日本三大山城といわれるのは、岩村城(岐阜県)、高取《たかとり》城(奈良県)、もう1つはどれ?

①春日山《かすがやま》城（新潟県）　②竹田城（兵庫県）
③備中《びっちゅう》松山城（岡山県）

答えはP158へ

第三章

歴史が動いた。城と戦略のぶつかり合い

「籠城＝負け戦」ではない

城に籠もれば、軍事力は格段に上がる

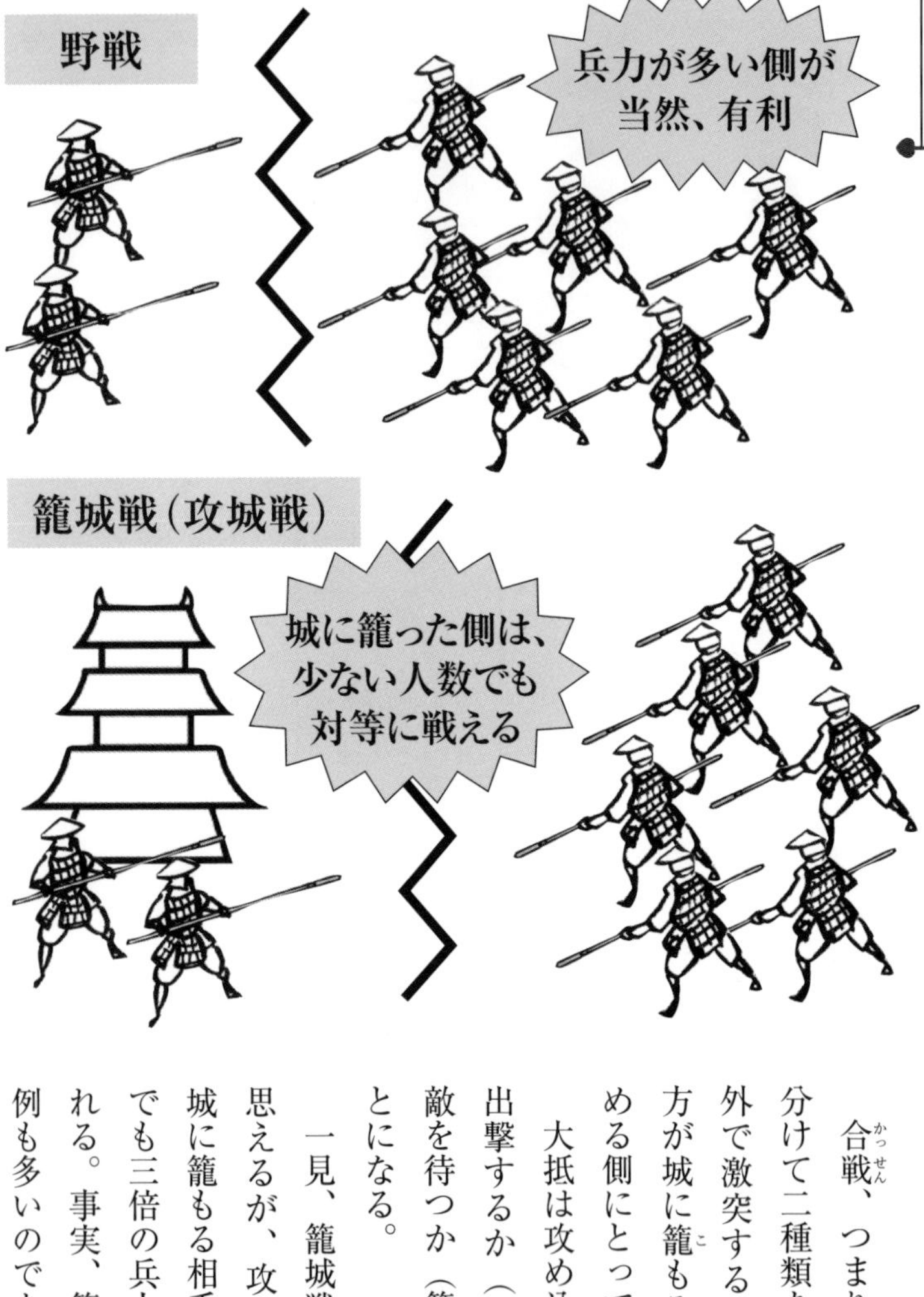
野戦
兵力が多い側が
当然、有利
籠城戦（攻城戦）
城に籠った側は、
少ない人数でも
対等に戦える

合戦《かっせん》、つまり「戦」には、大きく分けて二種類ある。まず、両軍が野外で激突する「野戦《やせん》」。そして、一方が城に籠《こ》もる「籠城戦《ろうじょうせん》」（城を攻める側にとっては「攻城戦《こうじょうせん》」）だ。

　大抵は攻め込まれた側が、城から出撃するか（野戦）、城に籠もって敵を待つか（籠城戦）を選択することになる。

　一見、籠城戦は消極的な戦法にも思えるが、攻め手にとっては厄介。城に籠もる相手を攻める場合、最低でも三倍の兵力が必要だったといわれる。事実、籠城側が敵を撃退した例も多いのである。

武田信玄も従った、城攻めの“攻者三倍の法則”

徳川家康の兵力は
八〇〇〇……
浜松城に籠城されれば
我が武田軍はその三倍以上
二万五〇〇〇はいなければ
勝てないであろう……
信玄《しんげん》は
二万五〇〇〇の
兵を率い
浜松城をめざした
信玄様！
織田信長が家康に
三〇〇〇の援軍を
送ったようです！
なにっ！
敵は
一万一〇〇〇か！
浜松城攻めは
やめだ！
敵を城からおびき出し
野戦に持ち込むことに
する
三《み》方《かた》ヶ《が》原《はら》での野戦となり
信玄は大勝。
経験から城攻めの難しさを
知っていた信玄の
的確な判断が
勝敗を決した

籠城

援軍のあるなしが勝敗を決める

後詰とは籠城側への援軍のこと

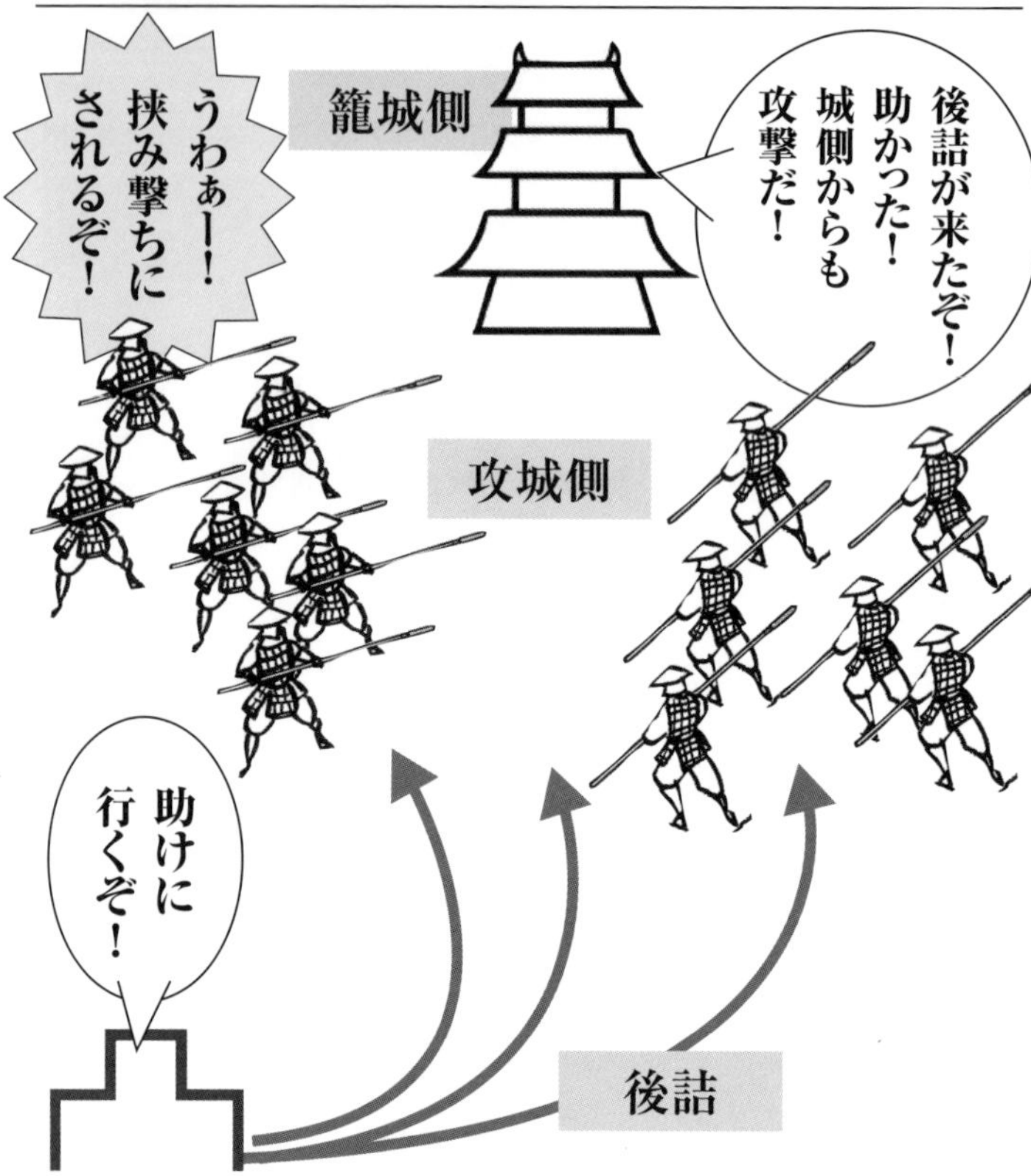
後詰が来たぞ！助かった！城側からも攻撃だ！
籠城側
うわぁー！挟み撃ちにされるぞ！
攻城側
助けに行くぞ！
後詰

籠城《ろうじょう》とは、守備側が城に籠《こ》もって敵の侵攻を防ぐこと。攻撃側より兵力などで劣る場合に有効な戦法である。損害を与えずとも、攻撃をあきらめさせて撤退に追い込めば、守備側の勝利といえた。

しかし、籠城戦は長いときは数ヵ月から数年に及ぶ。籠城側とて、戦いが長引けば兵糧《ひょうろう》や物資が欠乏するうえ、敵に囲まれているだけに補給もままならないというデメリットがある。外部からの援軍（後詰《ごづめ》）の見込みがある場合や「攻撃側より長くもちこたえられる」という勝算があってこそ成り立つ戦法であった。

後詰あり　安芸郡山《あきこおりやま》城の戦い

1540年　安芸郡山城（広島県）
○毛利元就《もうりもとなり》軍vs尼子晴久《あまごはるひさ》軍×
3倍以上の兵力で押し寄せる尼子軍を、なんとか防いでいた毛利軍。そこへ、元就の要請を受けた大内《おおうち》軍１万が到着。尼子軍は挟み撃ちされる格好となり、形勢は逆転した。

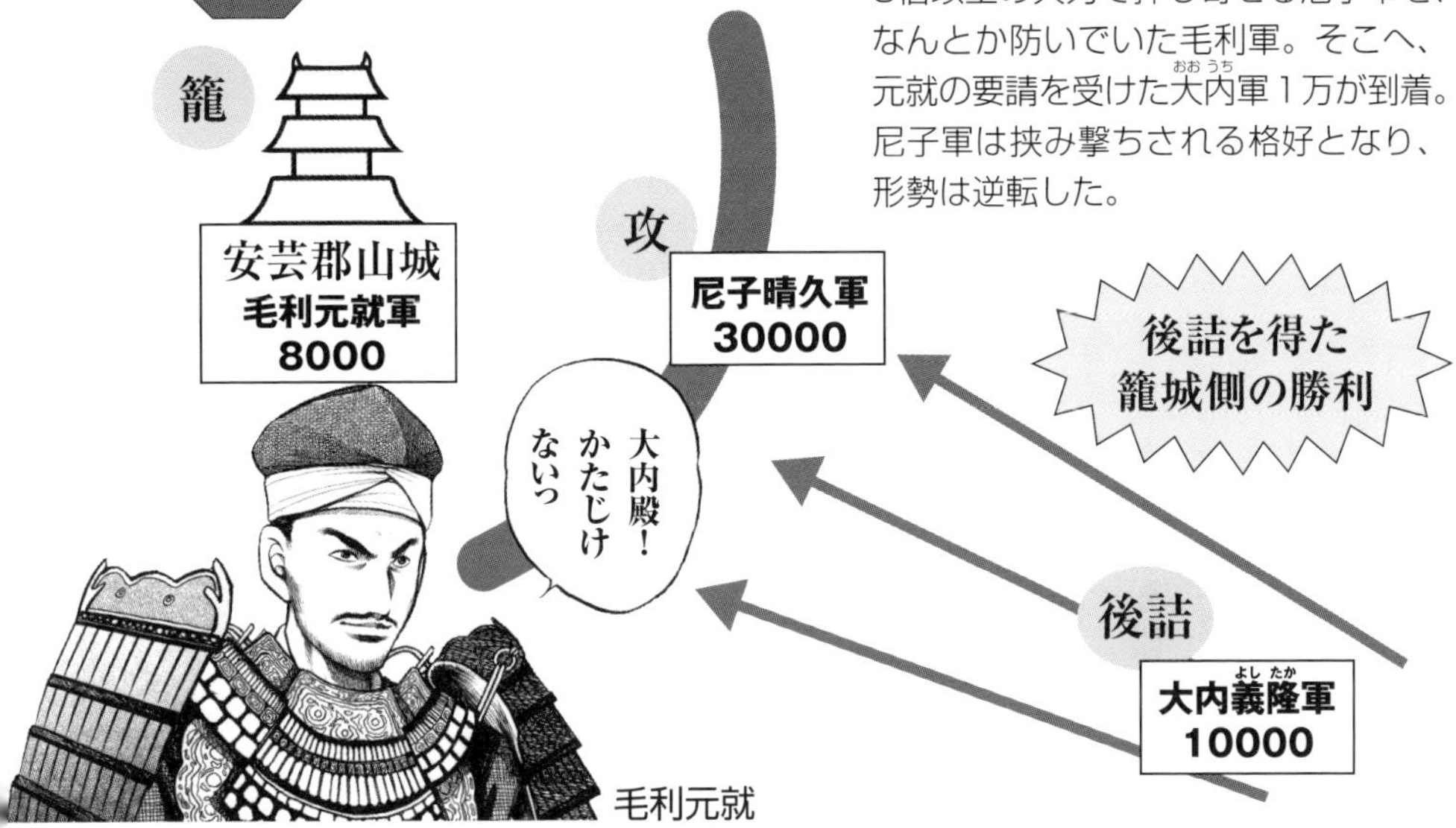

籠
安芸郡山城
毛利元就軍
8000
攻
尼子晴久軍
30000
大内殿！かたじけないっ
後詰を得た籠城側の勝利
後詰
大内義隆《よしたか》軍
10000
毛利元就

後詰なし　高尾《たかお》城の戦い

1488年　高尾城（石川県）
×富樫政親《とがしまさちか》vs一向一揆勢《いっこういっきぜい》○
高尾城に籠もって戦っていた富樫政親軍だったが、期待していた援軍が敵（一向一揆勢）に阻止され、完全に孤立してしまう。政親はやむなく城外に討って出るが、奮戦むなしく戦死。

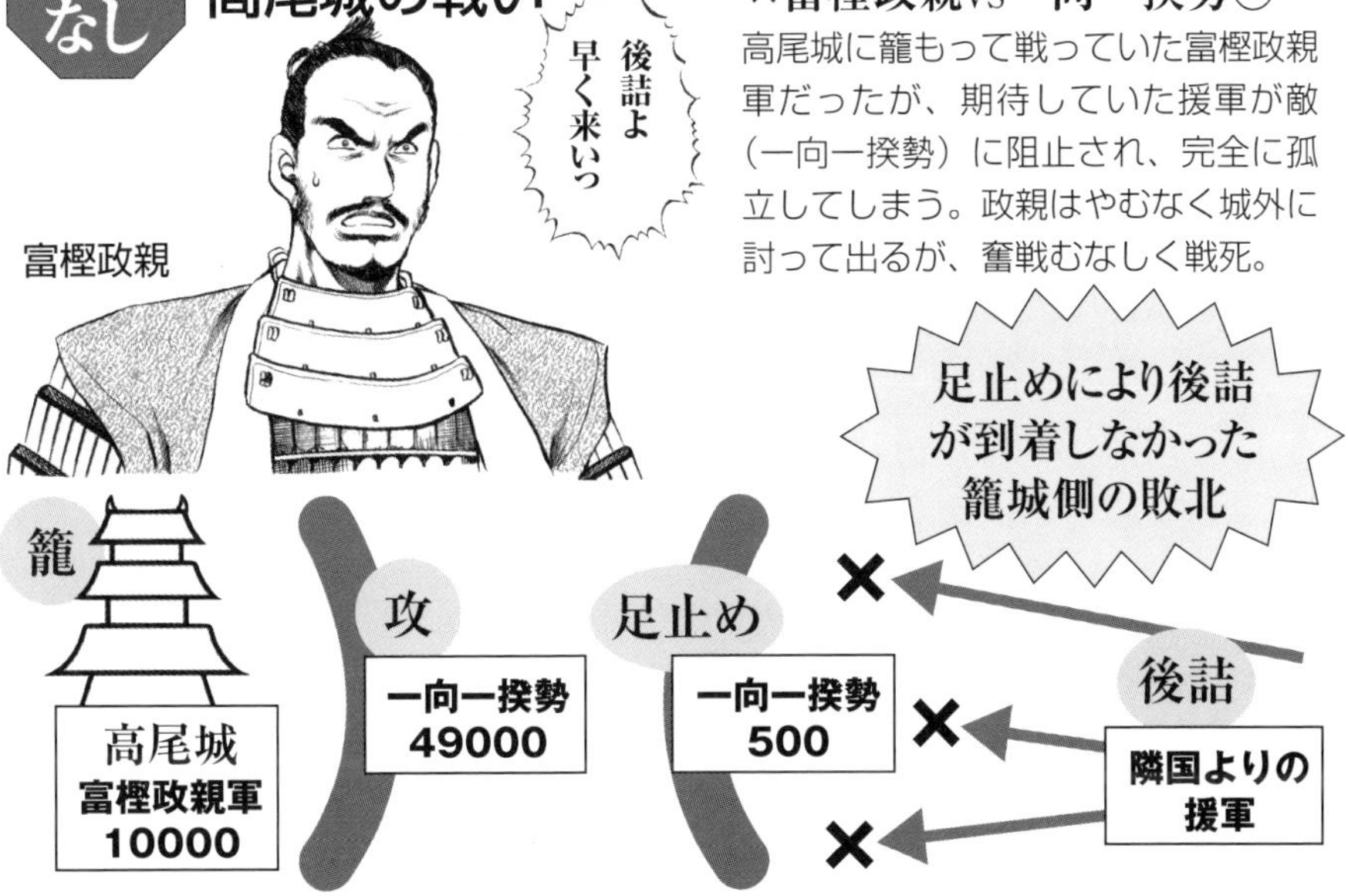

後詰よ早く来いっ
富樫政親
足止めにより後詰が到着しなかった籠城側の敗北
籠
高尾城
富樫政親軍
10000
攻
一向一揆勢
49000
足止め
一向一揆勢
500
後詰
隣国よりの援軍

上田籠城戦

三倍以上の敵を撃退。戦術次第で小城が名城に

城を巧みに使いこなせば、少ない兵でも大軍に打ち勝つことができる。籠城《ろうじょう》側が守り勝った典型ともいえる戦いが、上田城の攻防戦だ。

武田氏の滅亡後、その旧臣であった真田昌幸《さなだまさゆき》は信濃《しなの》（長野県）で独立する。そこへ、甲斐《かい》（山梨県）に進出した徳川家康が領地の引き渡しを求めてきた。昌幸がこれを拒否したため、家康は激怒し、真田の拠点である上田城へ七〇〇〇の兵を送り込んだ。対する昌幸率いる真田軍はわずか二〇〇〇である。

一気に押し寄せた徳川軍は、難なく惣構《そうがまえ》（P153）の内部に侵入、城壁の下まで攻め寄せたが、ここで思わぬ反撃を受ける。真田軍は城内から岩や巨木を落とし、鉄砲や弓で徳川軍を一斉に狙い撃った。城の守りをわざと薄くし、至近距離までおびき寄せたのである。すかさず、伏兵が横合いから襲いかかったため、徳川軍はたまらず退却をはじめる。

だが、迷路のように入り組んだ城下で足止めされ、討たれる者が続出。かろうじて逃れた先には神川《かんがわ》があり、多数の将兵が急流に呑まれて溺死《できし》した。この戦いでの徳川軍の戦死者は一三〇〇人、一方の真田軍の戦死者はわずか数十人だったという。

この城も行きたい

上田城《うえだ》

天下の徳川軍を2度も翻弄《ほんろう》した

所在地／長野県上田市

1600年にも、昌幸は関ヶ原の戦いの戦場に向かう徳川軍を迎え撃ち、足止めに成功している。JR上田駅から徒歩10分。

昌幸の超攻撃的籠城。家康を悔しがらせた

殿！徳川軍が二の丸まで攻めてきました！
ドドドドッ
よし！機は熟した
反撃をはじめるぞ！
上田城主真田昌幸の指示を受け
無数の丸太が徳川軍めがけて投げ込まれた
丸太で体勢を崩した徳川軍へ向けて一斉射撃が開始されたそこに真田の槍部隊が突入する
徳川の二手三手上をいく真田昌幸の見事な勝利である
オオ

1585年　上田城
○真田軍VS徳川軍×

籠城設備

備えあれば憂いなし。戦闘前夜にパワーアップ

非常食
米や麦は水がなければ炊けないうえ、準備に時間がかかる。米が不足したときや、急を要する際には、植物や干物などの非常食を食べた。畳や土塀《どべい》の詰め物に干しわらびを使ったり、城内に梅や銀杏を意図的に植えたりして備えた。
水
籠城《ろうじょう》となれば、食糧と同じく大切なのは水である。城内には普段から生活用水を確保するための井戸が多数用意されていた。井戸が足りない場合、雨水を貯めたり、遠くの水場から樋《とい》などを使って引いてきたりすることもあった。
乱杭
打ち込んだ杭同士を縄などでつなぎ、バリケードにした。杭の先は尖っている。堀底に設置すれば、落ちた敵にダメージを与えることも可能。
逆茂木
枝のたくさんついた木を杭で固定したもの。柵や乱杭と同じく、敵の侵攻を妨げた。

来るべき戦に備え、城には食糧（兵《ひょう》糧《ろう》）を蓄えておくのが常識だった。主食となる米や麦はもちろん、味噌や塩、干し魚や干した飯など、保存に適した食物を常に備蓄していた。木造の柵や乱杭《らんぐい》、逆茂木《さかもぎ》は普段は邪魔になるうえ、壊れやすいため、戦の直前につくられることが多かった。

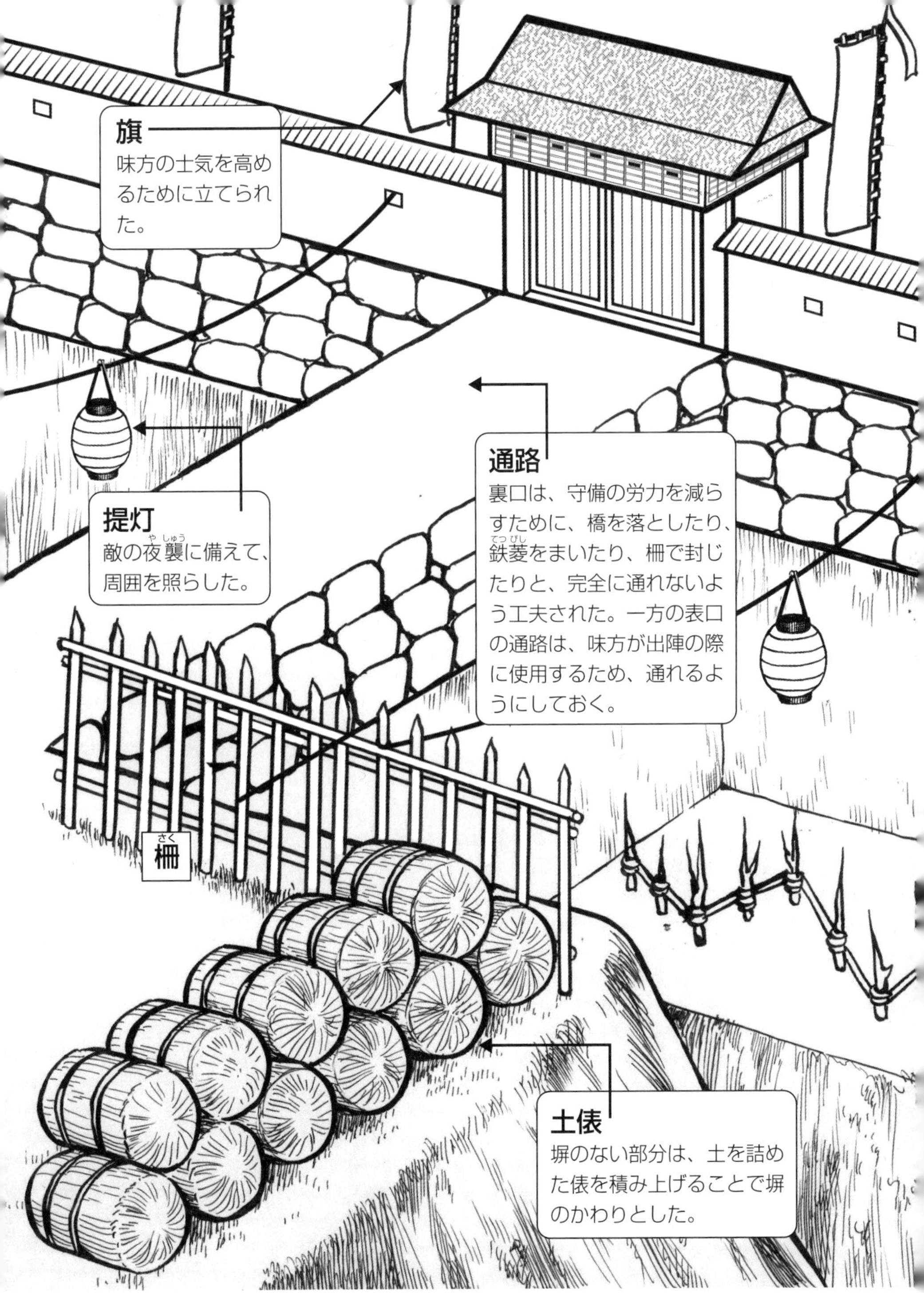
旗
味方の士気を高めるために立てられた。
提灯
敵の夜襲《やしゅう》に備えて、周囲を照らした。
通路
裏口は、守備の労力を減らすために、橋を落としたり、鉄菱《てつびし》をまいたり、柵で封じたりと、完全に通れないよう工夫された。一方の表口の通路は、味方が出陣の際に使用するため、通れるようにしておく。
柵《さく》
土俵
塀のない部分は、土を詰めた俵を積み上げることで塀のかわりとした。

正攻法から謀略まで、力と知恵の限りを尽くす

守備側が城に籠《こ》もる戦いが「籠城《ろうじょう》」ならば、攻める攻撃側にとっての戦いが「攻城《こうじょう》」である。城を落とすために、あの手この手を使った戦いが繰り広げられた。

正面から攻める「力攻《ちからぜ》め」をはじめ、敵に気づかれないように行う「奇襲《きしゅう》」「夜襲《やしゅう》」、敵をじわじわと追い込む「兵糧攻《ひょうろうぜ》め」「水攻《みずぜ》め」、密かに侵入を試みる「もぐら攻め」などである。

また、積極的に攻撃をせず「謀《ぼう》略《りゃく》」を用いて城を得ることもあった。味方の損害を少しでも防ぎ、確実に勝利を得るためである。

城攻めの基本的な流れ

はじまりは挑発から

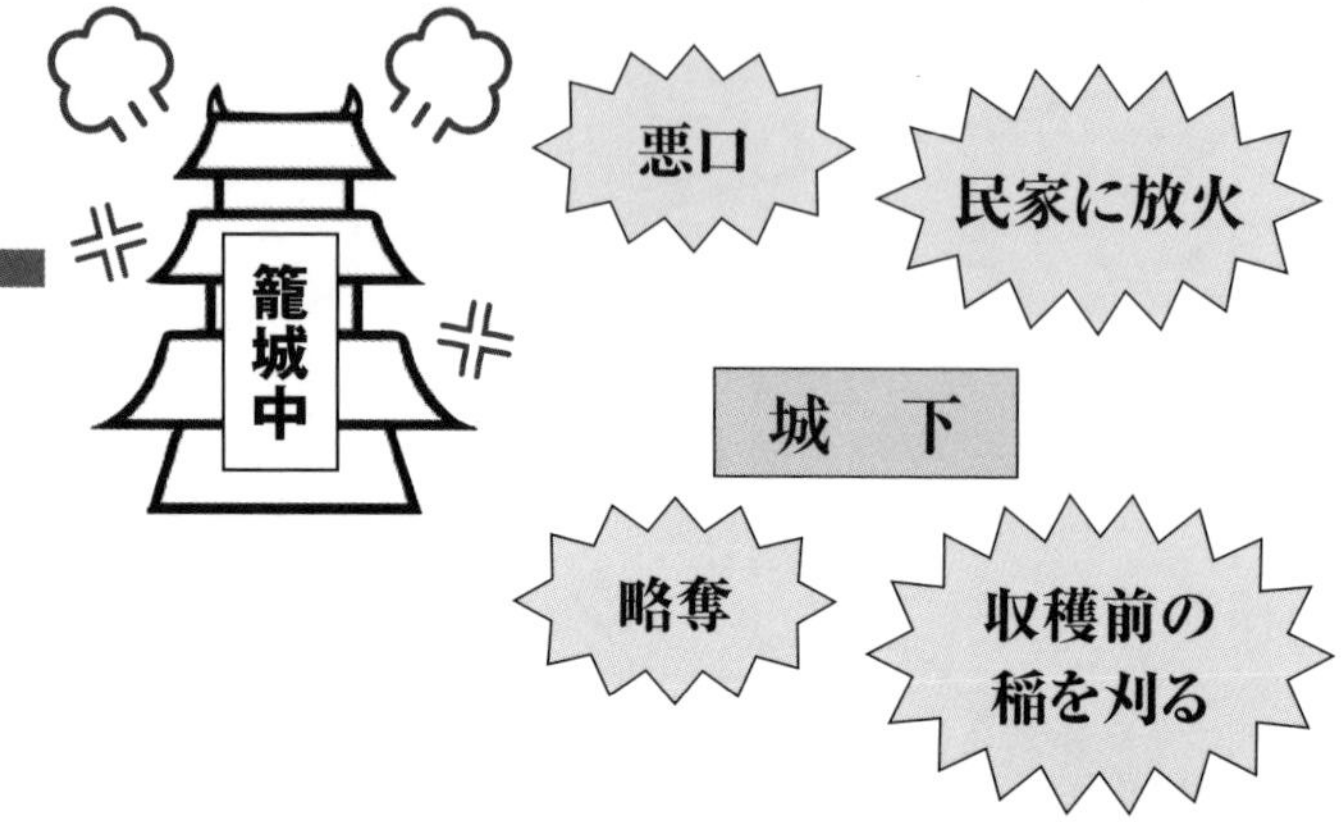
籠城中
悪口
民家に放火
城下
略奪
収穫前の稲を刈る

城に籠もられては面倒。攻撃軍は城下で乱暴や狼藉《ろうぜき》を働くなどして、野戦におびき出そうとした。しかし、籠城軍も心得たものでなかなか誘いに乗らない。城攻めが開始される。

実際には 奇襲 (P114)や 謀略 (P122)など

基本的な流れに沿わない城攻めも多い。

郵 便 は が き

料金受取人払郵便

代々木局承認

6948

差出有効期間
2020年11月9日
まで

1 5 1 8 7 9 0

203

東京都渋谷区千駄ヶ谷 4 - 9 - 7

(株) 幻 冬 舎

書籍編集部宛

1518790203

ご住所 〒
都・道
府・県

フリガナ
お名前

メール

インターネットでも回答を受け付けております
http://www.gentosha.co.jp/e/

裏面のご感想を広告等、書籍の PR に使わせていただく場合がございます。

幻冬舎より、著者に関する新しいお知らせ・小社および関連会社、広告主からのご案内を送付することがあります。不要の場合は右の欄にレ印をご記入ください。 不要 □

本書をお買い上げいただき、誠にありがとうございました。
質問にお答えいただけたら幸いです。

◎ご購入いただいた本のタイトルをご記入ください。

『　　　　　　　　　　　　　　　　　　　　　　　』

★著者へのメッセージ、または本書のご感想をお書きください。

●本書をお求めになった動機は？

①著者が好きだから　②タイトルにひかれて　③テーマにひかれて
④カバーにひかれて　⑤帯のコピーにひかれて　⑥新聞で見て
⑦インターネットで知って　⑧売れてるから／話題だから
⑨役に立ちそうだから

生年月日	西暦　　　年　　月　　日（　　歳）	男・女	
ご職業	①学生	②教員・研究職	③公務員	④農林漁業
	⑤専門・技術職	⑥自由業	⑦自営業	⑧会社役員
	⑨会社員	⑩専業主夫・主婦	⑪パート・アルバイト	
	⑫無職	⑬その他（　　　　　）		

このハガキは差出有効期間を過ぎても料金受取人払でお送りいただけます。

ご記入いただきました個人情報については、許可なく他の目的で使用することはありません。ご協力ありがとうございました。

城に近づく

城攻めのために城をつくる

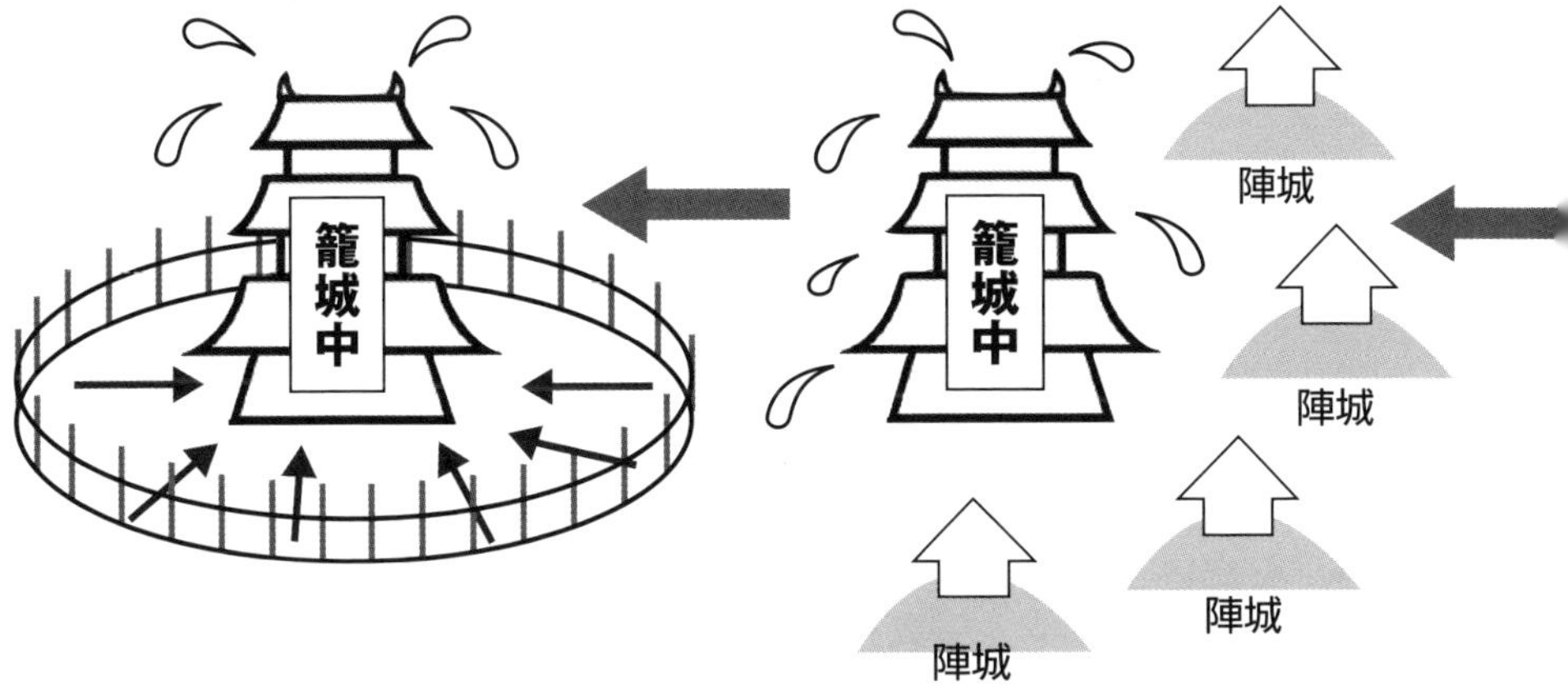

柵や仮設の塀などを設けて、城からの攻撃を防ぎつつ包囲を狭め、籠城軍を追い詰めていく方法もあった。

ここから **力攻め** （P112）や **もぐら攻め** （P120）へ。

攻撃軍も拠点がなくては、長期にわたって城攻めをするのは難しい。そこで簡素な城（陣城《じんじろ》）を構えて陣地とした。

ここから **兵糧攻め** （P116）や **水攻め** （P118）へ。

城攻めに使う武器

城攻めにあたって、専用の兵器も登場した。矢玉を避けたり、城にダメージを与えるものもあった。

竹束《たけたば》
竹を束ねて円柱形にした盾の一種。城内から放たれる矢や鉄砲玉を防ぐ。木の板よりも頑丈だった。

井楼《せいろう》
木材を組んだ櫓《やぐら》。城内の様子をうかがったり、高い位置から矢を放つことができた。

火矢《ひや》・大筒《おおづつ》
火薬を仕込んで火をつけた矢を射掛けたり、大筒（大砲）を用いて櫓や門を破壊することもあった。

力攻め

正々堂々の勝負。攻撃側も被害は甚大だった

城内
敵の陣地になる櫓《やぐら》などを、火のついた矢を放ち燃やす
はしごをかけて塀を乗り越える
長《なが》槍《やり》で掩《えん》護《ご》する

城を攻めるとき、奇《き》襲《しゅう》や兵《ひょう》糧《ろう》攻《ぜ》めのような策を用いず、武力にまかせて押し込むことを「力《ちから》攻《ぜ》め」や「強《きょう》襲《しゅう》」と呼ぶ。城門を叩き壊したり、石垣や土《ど》塀《べい》を乗り越えるなど、あらゆる手立てで城内への突入を試みるのだ。

しかし、城を真正面から力で落とすには、攻撃側は最低でも籠《ろう》城《じょう》側の二倍から三倍の兵力がなければ、まず勝ち目はないとされた。城が堅固で、なおかつ籠城軍の指揮官が優秀であれば、二倍や三倍どころか、もっと多くの兵力を必要とした。

それでも、早期に決着をつけたい

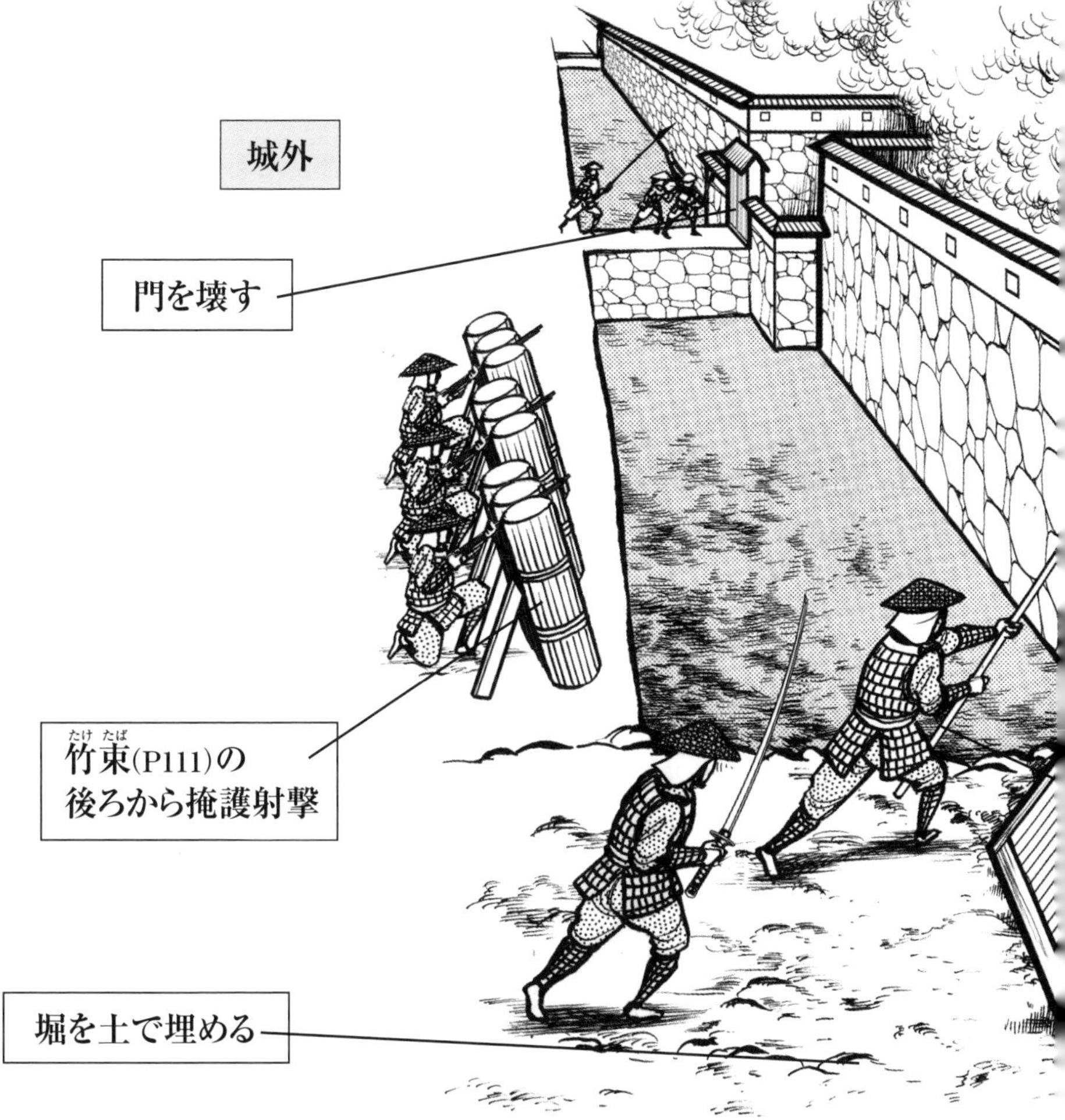
城外
門を壊す
竹束《たけたば》(P111)の
後ろから掩護射撃
堀を土で埋める

場合や、敵に自分の力を誇示したい場合などは、犠牲を覚悟で行われることもあった。

たとえば、北条早雲《ほうじょうそううん》が足利《あしかが》氏の守る深根《ふかね》城（静岡県）を、二倍ほどの兵力で攻めたとき（一四九三年）。早雲は城周辺の民家を破壊し、その材木や家財道具で堀を埋め、一斉攻撃をしかけて守備軍を殲滅《せんめつ》。城中にいた女、子どもまで一人残らず首をはねた。早雲は、伊豆平定のため、深根城を力攻めで落とすことで、力を誇示したといわれている。

ただし、力攻めが成功した例はあまり多くない。先に紹介した上田城攻防戦（Ｐ106）も、見方をかえれば徳川軍が相手を見くびって力攻めした結果、まんまと返り討ちにあったケースなのである。

奇襲

あっという間の城取り。スキをつき攻め込む

奇襲の天才の本領発揮、小田原城攻め

北条早雲《ほうじょうそううん》は、韮山《にらやま》城を拠点として、相模《さがみ》（神奈川県）平定の機をうかがっていた。しかし、相模との国境にある小田原城には敵方の重臣大森《おおもり》氏がおり、容易に手出しができずにいた。

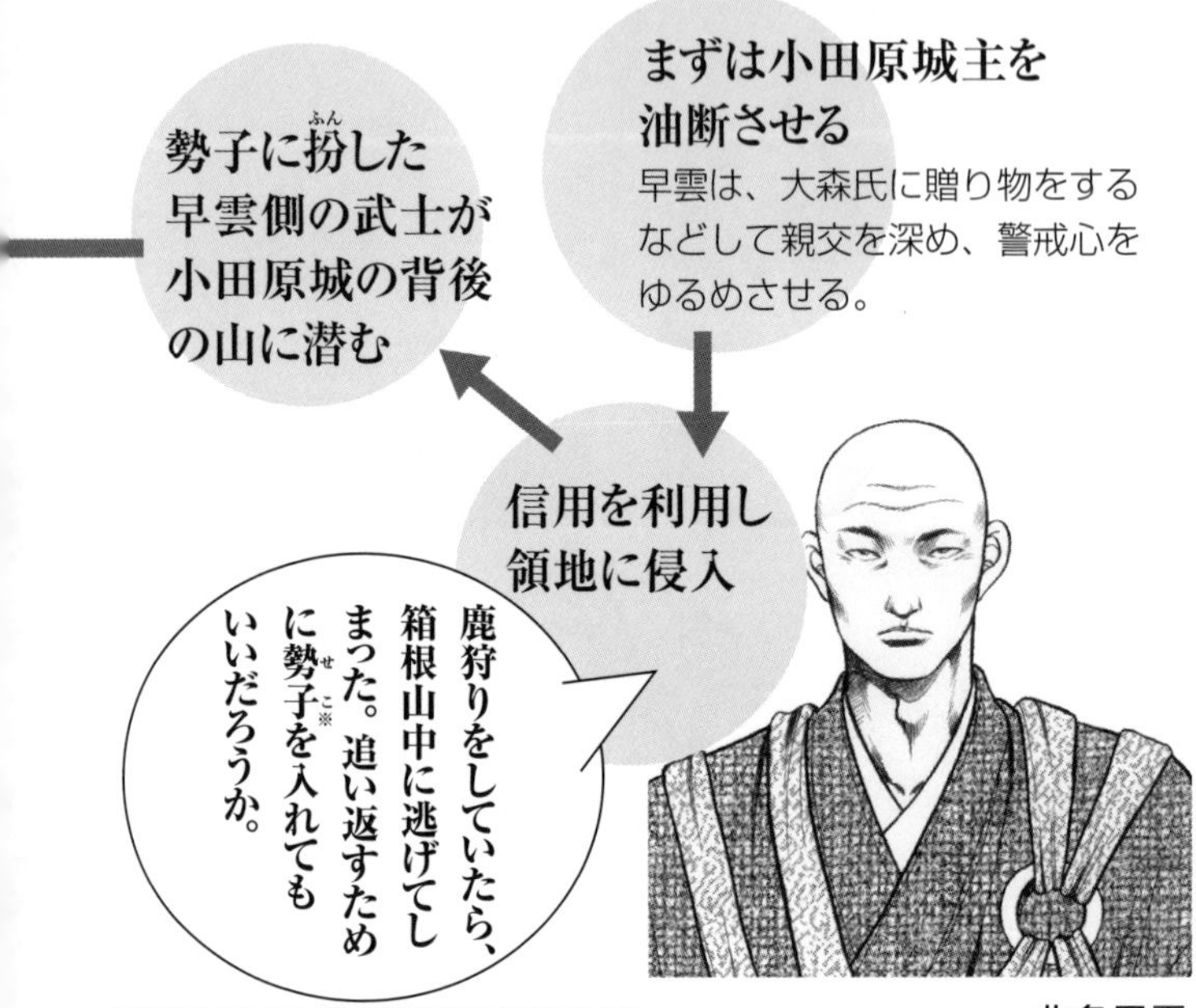
まずは小田原城主を油断させる
早雲は、大森氏に贈り物をするなどして親交を深め、警戒心をゆるめさせる。
信用を利用し領地に侵入
勢子に扮《ふん》した早雲側の武士が小田原城の背後の山に潜む
鹿狩りをしていたら、箱根山中に逃げてしまった。追い返すために勢子《せこ》※を入れてもいいだろうか。
※狩猟において、獣を狩り出す役割をする。

北条早雲

上に挙げた小田原城攻めのほか、織田信長の父信秀《のぶひで》が行った奇襲《きしゅう》も有名だ。一五三二年、信秀は那古野《なごや》城の今川氏豊《いまがわうじとよ》が連歌《れんが》を好むと聞き、城で催される連歌会に足繁く通ううち、氏豊にすっかり信頼されるようになった。ある日、信秀は少数の供を引き連れて那古野城に入り、夜になると城の外に潜ませていた兵とともに内外から挙兵。城内を混乱に陥れ、乗っ取ってしまった。

城取りの有効な手段だが、事前に相手を油断させる必要があり、そのための準備に時間を要するうえ、危険もともなう作戦だった。

背後から迫る1000頭の牛に、敵は大パニック

ドドドドドッ
た、大軍だ！
敵は早雲がしかけた松明《たいまつ》をつけた一〇〇〇頭の牛を大軍と錯覚した
ドドドド
1495年 小田原城
（神奈川県小田原市）
○北条早雲VS大森藤頼《ふじより》×

兵糧攻め

人肉を食べるほど飢えさせた

豊臣秀吉、地獄の因幡鳥取城攻め

1581年、織田信長の命令によって、中国地方を平定中だった秀吉は、毛利《もうり》軍の重臣吉川経家《きっかわつねいえ》が守る因幡《いなば》（鳥取県東部）の鳥取城を包囲する。

徹底した事前準備

① 米の買い占めで城内の兵糧を減らす

毛利軍が籠城する可能性が高いと見た秀吉。あらかじめ商人たちを鳥取城下に送り込み、米を時価の数倍の値段で買い上げさせた。鳥取城へ入るはずだった米をゴッソリと横取りしてしまったのだ。

② 農民を城に逃げ込ませ城内を人でいっぱいに

因幡に攻め込んだ秀吉は、領内の農民に対してひどい仕打ちをした。そのため、農民たちは鳥取城へと逃げ込み、城内の兵糧の消費が早まることになった。

兵糧攻め開始

大軍で城を包囲すると、籠城《ろうじょう》軍は城から出られず、兵糧《ひょうろう》を運び込むことが不可能になる。そうして敵を弱らせる戦法を「兵糧攻め」または「飢《かつ》え殺し」と呼んだ。水源を絶ってしまう「干し殺し」もあった。

城攻めの達人である豊臣秀吉が多く用いた方法で、「鳥取城攻め」のほか「三木《みき》城攻め」「小田原攻め」でも採用。力攻《ちからぜ》めのように、敵と直接戦うことがないため、味方の損害を最小限に抑えることができる。

その反面、敵の兵糧が尽きるのを待たなければならず、持久戦になりがち。兵力・兵糧ともに十分な備え

籠城100日あまり、城内はまるで地獄絵図

ヴァーーン
撃たれた!
死んだぞ!
兵糧攻めをされた城内はまさに地獄絵図である
飢餓に耐えきれず逃げようとして敵に撃たれた者の肉を城内の味方がむさぼり食った
あまりの悲惨な有様に城主経家は降伏を決意した

1581年　鳥取城
○豊臣秀吉VS吉川経家×

があってこそ実行可能な戦法だった。

一方、籠城軍では子どもや老人などの非戦闘員を中心に、多数の餓死者が出るなど、地獄のような状況に陥るのが常だった。

こうなると、惨状を見かねた城主は降伏を申し出るしかない。秀吉は、城主を切腹させるかわりに、残った城内の兵や領民を救っている。

この城も行きたい

鳥取城

秀吉の兵糧攻めの本陣跡が残る

所在地／鳥取県鳥取市
付近の山中の太閤《たいこう》ヶ《が》平《なる》という場所は、秀吉の城攻めの本陣。土塁や堀の跡が残る。鳥取城はＪＲ鳥取駅からバスで8分、下車後徒歩5分。太閤ヶ平へは徒歩60分以上。

水攻め

川をあふれさせて城を水びたしにする

秀吉だからできた備中高松城水攻め

中国地方を支配する毛利氏との戦いを続ける秀吉は、1582年4月、清水宗治が守る備中《びっちゅう》（岡山県西部）の高松城を攻めた。高松城は周囲を沼地に囲まれた水城《みずじろ》（P99）のようなつくり。長期戦が予想された。

4kmの堤防をたった12日間で完成させた

1ヵ月あまりの包囲の後、人を雇って近くを流れる足守川《あしもりがわ》を堰き止め、城の周りに堤防を築いて川の水を引き込んだ。折しも梅雨時。堤防内はたちまち川の水と雨水であふれ、城は水没。

水攻め成功ポイント1
抜群の土木技術
水攻めには秀吉の家臣石田三《いしだみつ》成《なり》が試みた忍《おし》城攻めのように、堤防が決壊した失敗例もある。大坂城のような巨大な城を築いた秀吉の技術があってこその成功だった。

水攻め成功ポイント2
十分な経済力
堤防に使用した土嚢《どのう》は、農民らの協力で集めた。秀吉は1俵につき銭100文《もん》と米1升という高い報酬を払うことで、必要な土嚢を円滑に手に入れた。

兵糧《ひょうろう》攻《ぜ》めは長い期間にわたるため、包囲する攻撃軍にとっても持久戦になる。そこで豊臣秀吉が実行したのが「水攻《みずぜ》め」だ。

城の周囲に堤防を築き、近くの川を堰《せ》き止めてその水を堤防のなかに流し込み、孤立させる作戦である。守備軍は身動きがとれず、兵糧や武器の補給もできなくなる。これも兵糧攻めの一種といえる。

高松城は低湿地に位置する平城《ひらじろ》（P99）だったため、水攻めの格好の標的となってしまった。水没した城内の人々は、ハンモックのように木の枝にスノコを架け渡して難を逃

備中高松城は湖に浮かぶ城のようになった

1582年　備中高松城
○豊臣秀吉VS清水宗治×

れるという有様になった。状況を知った毛利《もうり》軍は、援軍（後詰《ごづめ》）を出したが、秀吉軍の包囲は万全で、手の下しようがなかったという。

一〇日あまり経って、秀吉は城主清水宗治《しみずむねはる》に講和をもちかけ、宗治もこれを受け入れ、城兵の命と引きかえに自らは切腹して果てた。

この城も行きたい

備中高松城

水攻めの跡が和やかな公園に残る

所在地／岡山県岡山市
現在でも、秀吉の城攻め当時につくられた堤防跡がわずかに見られる。城自体は戦の後まもなく廃城となっている。
ＪＲ備中高松駅から徒歩10分。

もぐら攻め

城内に向け、掘って、掘って、掘り続ける

いさささかユニークな城攻めの方法が、「もぐら攻め」。城の外から城内へ向けてトンネルを掘り進め、侵入しようという作戦だ。1563年、武蔵《むさし》松山城（埼玉県）に攻め寄せた武田信玄《たけだしんげん》軍が、鉱業技術集団である「金山衆《かなやましゅう》」を動員して実行したとの逸話が残っている。

武田氏の得意技

甲斐《かい》（山梨県）の武田軍や、駿河《するが》（静岡県中央部）の今川軍が得意とした。良質な金山があり、坑道を掘る技術にすぐれた技術集団を抱えていたからだという。

武田信玄

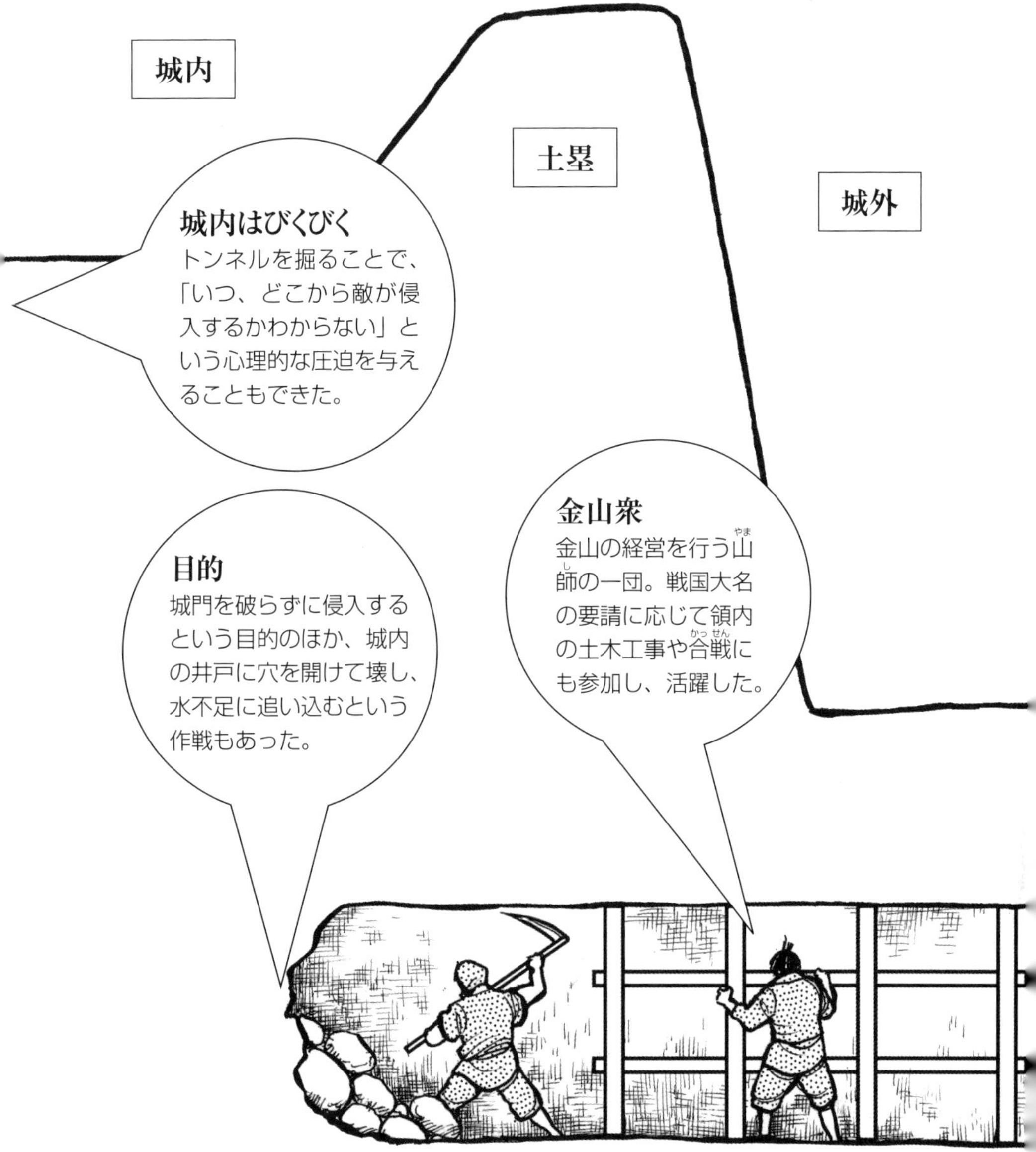
城内
土塁
城外
城内はびくびく
トンネルを掘ることで、「いつ、どこから敵が侵入するかわからない」という心理的な圧迫を与えることもできた。
目的
城門を破らずに侵入するという目的のほか、城内の井戸に穴を開けて壊し、水不足に追い込むという作戦もあった。
金山衆
金山の経営を行う山《やま》師《し》の一団。戦国大名の要請に応じて領内の土木工事や合戦《かっせん》にも参加し、活躍した。

謀略

「なんといわれても勝て」。裏切りは日常だった

生きるか死ぬかの戦国時代、正々堂々と戦う武将など皆無に等しかった。多くの場合、戦う前の根回し、つまり「謀略《ぼうりゃく》」がモノをいった。

たとえば徳川家康は「大坂の陣」の最中、敵方の真田《さなだ》幸村《ゆきむら》に信濃《しなの》（長野県）一国を与えることを条件に寝返りを頼んでいる（しかし幸村はこれを断った）。

珍しい例としては、秋山信友《あきやまのぶとも》の岩村城攻めがある。城主の遠山景任《とおやまかげとお》が病死し、未亡人が形式上、女城主となった。攻めあぐねていた信友は、その未亡人に求婚して妻に迎え、城を手に入れてしまったのだ。

武将たちは手段を選ばない

内応《ないおう》工作

敵の武将を味方に引き込む

敵陣にいる有力な武将を恩賞で釣って味方につけ、合戦《かっせん》の際に裏切りを約束（内応）させるのは当時の常套手段だった。
「この城が落ちたら、お前を城主にしてやろう」といって内応させることもあれば、圧倒的不利と見た籠城《ろうじょう》側の武将から内応を願い出るという場合もあった。

噂を流す

敵方の疑心暗鬼をかきたてる

敵陣に偽の情報を流して混乱させるのも有効だった。1555年の厳島の戦いの際、籠城していた毛利元就《もうりもとなり》は、攻城軍の陶《すえ》晴賢《はるかた》の陣営に「江良房栄《えらふさひで》が毛利と組んで反乱を起こそうとしている」との噂を流した。これを信じた晴賢は、重臣の江良を殺してしまう。
元就は、敵の戦力を削ぎ、勝利につなげたのであった。

秀吉の謀略で秀吉の城を滅ぼした

攻城戦（籠城戦）年表

戦国時代～江戸時代、争乱の中心には城がある

時代	西暦	主な出来事	主な攻城戦《こうじょう》（籠城戦《ろうじょう》）	主な築城など
室町時代／戦国時代	一四六七	**戦国時代のはじまり。**応仁・文明の乱を機に、各地で戦乱が起こりはじめる		
室町時代／戦国時代	一四八八		高尾《たかお》城の戦い（P105）	
室町時代／戦国時代	一四九三		北条早雲《ほうじょうそううん》が深根《ふかね》城を力攻《ちからぜ》めで落とす（P113）	
室町時代／戦国時代	一四九五		北条早雲が奇襲で小田原城を奪い取る（P114）	
室町時代／戦国時代	一五三七			このころ、犬山城に、現在まで残る天守が建てられる（最近では一六〇一年の説が有力）
室町時代／戦国時代	一五四〇		安芸郡山《あきこおりやま》城の戦い（～一五四一）（P105）	
室町時代／戦国時代	一五四三	鉄砲の伝来		
室町時代／戦国時代	一五六〇	**桶狭間《おけはざま》の戦い。**織田信長が今川義元《いまがわよしもと》を破る（P128）		
室町時代／戦国時代	一五六三		武田信玄《たけだしんげん》が武蔵《むさし》松山城をもぐら攻めで落とす（P120）	
室町時代／戦国時代	一五七二	三方ヶ原《みかたがはら》の戦い。徳川家康が武田信玄に敗れる（P103）		
室町時代／戦国時代	一五七三	**室町幕府滅亡。**織田信長が将軍足利義昭を都から追放。室町幕府を滅ぼす		
	一五七六			織田信長が安土《あづち》城の築城をはじめる（P130）
	一五八一		豊臣秀吉が因幡《いなば》鳥取城を兵糧《ひょうろう》攻めで落とす（P116）	

時代	年	出来事	戦	城
安土・桃山時代	一五八二	**本能寺の変**。織田信長が自害する（P129）	豊臣秀吉が備中《びっちゅう》高松城を水攻《みずぜ》めで落とす（P118）	安土城が焼失する
	一五八三			豊臣秀吉が大坂城の築城をはじめる（P134）
	一五八五		上田籠城戦（P106）	
	一五九〇	**豊臣秀吉の天下統一**（P136）		
	一五九二	豊臣秀吉が朝鮮半島へ出兵する（P137）		
	一五九四			このころ、松本城に、現在まで残る天守が建てられる
	一五九八	豊臣秀吉が病死する		
	一六〇〇	**関ヶ原の戦い**。徳川家康率いる東軍が勝利する		
	一六〇一			加藤清正《かとうきよまさ》は熊本城を、池田輝政《いけだてるまさ》は姫路城を、それぞれ大改修する
江戸時代	一六〇三	**江戸開府**。徳川家康が征夷大将軍《せいいたいしょうぐん》に任命され、江戸に幕府を開く		彦根城の築城がはじまる
	一六〇四			徳川家康が江戸城の増築をはじめる（P140）
	一六一〇			徳川家康が名古屋城の築城をはじめる（P143）
	一六一四		大坂冬の陣。和議が結ばれ、停戦となる（P123、P142）	
	一六一五		大坂夏の陣。豊臣家が滅亡する（P123、P142）	江戸幕府が一国一城令《いっこくいちじょうれい》を発布する（P146）
	一六一六	徳川家康が病死する		
	一六二〇			徳川幕府が大坂城の再築をはじめる

築城ブーム（P145）（一六〇〇〜一六一五）

城豆知識クイズ Part3

Q9

外国の城のうち、ウォルト・ディズニーのシンデレラ城の参考にされたといわれるのは?

①ノイシュヴァンシュタイン城（ドイツ）
②アグラ城（インド）　③水原《スウォン》の華《ファ》城《ソン》（韓国）

Q10

「出世城」と呼ばれることのある徳川家康ゆかりの城は?

①江戸城（東京都）　②浜松城（静岡県）
③二条城（京都府）

Q11

南北朝時代、楠木《くすのき》正成《まさしげ》が千早《ちはや》・赤坂城の籠城戦の際、敵に向かって投げ落としたといわれるものは?

①糞尿　②動物の死体　③爆弾

Q12

加藤《かとう》清正《きよまさ》が築城に関わった城があるのは、日本以外にどこの国?

①中国　②韓国　③ベトナム

加藤清正

答えはP158へ

第四章

難攻不落の城こそ、有力武将の力の源泉

織田信長 覇者の築城史①

「天下布武」をめざして、引越しを繰り返した

1555年
清洲《きよす》城入城

まずは尾張統一から
信長の事実上の出発点。信長は一族間の内紛をしずめ、尾張統一を果たすと、出生地の那古野《なごや》城から、尾張の中心地である清洲城に移り住んだ。

1560年
桶狭間《おけはざま》の戦い
「天下に最も近い男」といわれていた今川義元《いまがわよしもと》を、桶狭間にて討ち破り、天下に織田信長の名を知らしめた。

1563年
小牧山《こまきやま》城

標的は美濃《みの》。より近くへ
桶狭間の戦いの後、信長は三《み》河《かわ》（愛知県東部）の徳川家康と同盟を結び、美濃（岐阜県南部）攻めの準備を進める。そこで美濃に近い小牧山に城を築いて新たな拠点とした。

戦国時代の風雲児といえる織田《おだ》信《のぶ》長《なが》は、城の利用法でも革命を起こした。なかでも代表的な戦略が「居城の引越し」。大名を含めた当時の人々は、その土地に強く根づいて生活していたため、自分の本拠地をほかに移すという発想はなかった。

信長は違った。新たに築いた城や、敵から奪った城に移り、そこを拠点に定めたのである。戦争が終わるたびに尾張《おわり》へ戻る必要もなく、ただちに次の目標に狙いを定め、迅速に行動することができた。ただ当初は、家臣の間に戸惑いや抵抗も生まれたという。

1576年
安土城《あづち》
次ページへ

1569年
二条城

将軍足利義昭《あしかがよしあき》を奉じて京へ
室町幕府の15代将軍足利義昭を保護して上洛《じょうらく》を果たした信長は、京都に滞在する際の拠点として城館を築いた（現存する二条城とは別）。

1567年
岐阜城

このころから天下統一を意識
斎藤氏が籠《こ》もっていた美濃の中心地。信長が4年かけて攻め落とした。当時は稲葉山《いなばやま》城と呼ばれていたが、信長が大改修し、名を岐阜城と改めた。

1582年
本能寺の変
天下統一を目前にして家臣の明智光秀《あけちみつひで》に討たれ、生涯を終えた。

居城の移りかわり

岐阜城
小牧山城
琵琶湖
安土城
清洲城
二条城
めざすは天下！
城も日本の中心に
なくてはならん

織田信長
生没年　1534-1582
出身　尾張国（現在の愛知県西部）

覇者の築城史①

織田信長

安土城
防御施設から権威の象徴へ

「天下布武《てんかふぶ》」の実現に向けて築城した

信長は、自らを中心とした武家政権をもって天下を支配すること（天下布武）を目的にしていたとされる。その権威の象徴となる建物を日本の中心に置く必要があると考え、安土《あづち》山に城を築いた。東海・北陸を結ぶ交通の要衝であり、近江《おうみ》（滋賀県）の琵琶湖ほとりに位置。都にも近かった。

絢爛豪華な天主《てんしゅ》が天下人の権力を象徴

ポイント1

日本初の本格的な天守《てんしゅ》

信長の城以前、天守は、一般的ではなかった。そのパイオニアは信長であり、安土城だったといえる。ちなみに、安土城の天守は「天主」と表記された。

ポイント2

5層7階の壮大な建造物

最上階は金色、下階は朱色の八角形。内部は華麗な障壁画で飾られる。当時の建築美術の限りを尽くした。信長が起居した場であり、客人を迎える場でもあった。その権威を城内にも示す必要があったのだ。

土塁の城から総石垣の城へ

安土城以前	→	安土城
土塁が基本。 重要部は石垣		すべて石垣

城の土台や防御壁には、重要部に石垣を用いたものの、土で固めた土塁ですませる場合が多かった。安土城はすべてに石垣を用いた最初の城とされる。

交通・経済を整備。城下町がにぎわった

城下に集まる者への自由な商売の許可（楽市楽座）や、関所の撤廃により、安土の城下には多くの人々が集まった。また、それまでの大名とは異なり、家臣や将兵を城下に住まわせ、用事があればすぐに呼び出せる体制を敷いた。

覇者の築城史②

豊臣秀吉

農民から天下人へ。出世とともに城も豪勢に

尾張《おわり》の貧しい農民の家に生まれた豊臣秀吉《とよとみひでよし》は、一八歳のとき織田信長に小者《こもの》として仕えた。飛び抜けた知略と「人たらし」といわれた性格で出世を重ね、三六歳のころには長浜城を得て一国一城の主となる。

信長が「本能寺の変」で倒れると、ただちにその仇《かたき》である明智光秀《あけちみつひで》を討ち、柴田勝家《しばたかついえ》をも破って信長の旧領を引き継ぎ、天下統一を実現した。

墨俣《すのまた》城伝説（上参照）から大坂築城まで、その生涯に多くの城を築いた。機知に富み、土木技術やアイデアにすぐれ、時代に与えた影響は絶大なものがあった。

1537年
農家に生まれる

18歳のとき、信長の家来に

1566年
墨俣城

「一夜城」といわれるほど驚異的なスピードで築城

斎藤軍の妨害で失敗を重ねていたなか、秀吉が名乗り出て、数十日で小城を完成させ、美濃《みの》（岐阜県南部）攻略に大きく前進した。

＊ただし、この逸話は秀吉の活躍を誇張するための伝説とも。

初めて一城の主に。頭角を現す

1574年
長浜城

初めての領国で城下町を発展させる

浅井長政《あざいながまさ》を滅ぼした功で、信長から与えられた地に、浅井氏の小谷《おだに》城下から町を移転して築城。秀吉はすぐれた政治手腕を見せ、城下町経営の基盤をここで固めた。

信長の家臣のなかで五本の指に入るほどの存在になる

1580年
姫路城

主君信長の勢力を西国へ知らしめる拠点

信長に中国地方攻略を命じられ、播磨《はりま》（兵庫県南部）へ進出した際、姫路城主であった黒田官兵《くろだかんべ》衛《え》が降伏し、秀吉のものとなる。秀吉はこれを大改修して毛利家との戦いに備えた。

信長の死後、後継者としての地位を確立

1583年
大坂城

次ページへ

築城なら
ワシに任せろ
どんな城でも
築いてみせるわ!!

豊臣秀吉
生没年　1537-1598
出身地　尾張国（現在の愛知県西部）

豊臣秀吉 覇者の築城史②

大坂城 黄金の茶室で密談を交わした

信長の夢を継ぐ

志半ばで本能寺に散った織田信長は、安土《あづち》城の次は大坂に城を構えるつもりだったといわれている。大坂は京の都や、経済の中心地・堺に至近なだけでなく、陸路・海路両面における交通の要衝で人口の多さも飛び抜けていた。信長の跡を引き継いだ秀吉が、その大坂に目をつけたのは当然であった。

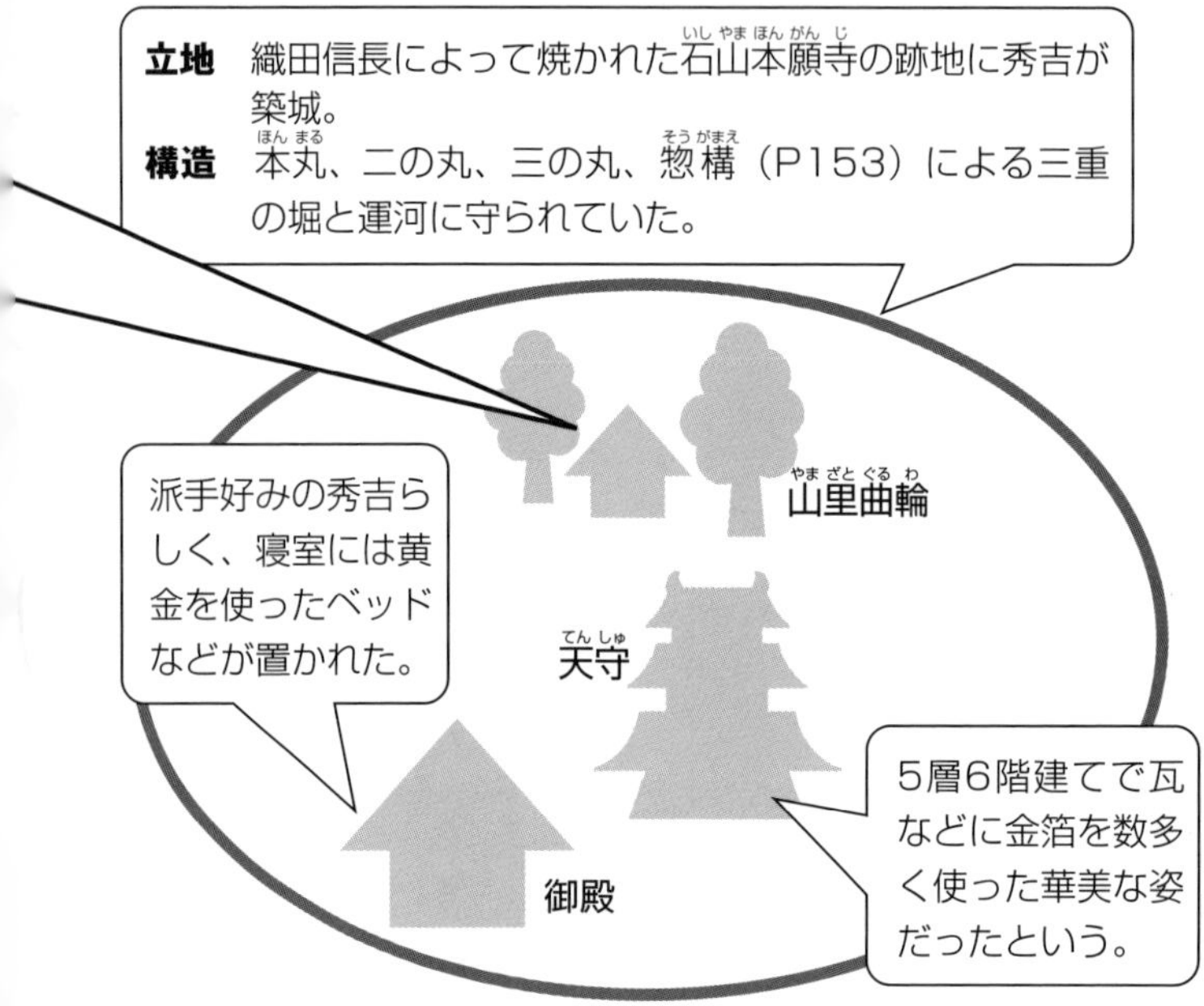
立地　織田信長によって焼かれた石山本願寺《いしやまほんがんじ》の跡地に秀吉が築城。
構造　本丸《ほんまる》、二の丸、三の丸、惣構《そうがまえ》（P153）による三重の堀と運河に守られていた。
山里曲輪《やまざとぐるわ》
派手好みの秀吉らしく、寝室には黄金を使ったベッドなどが置かれた。
天守《てんしゅ》
5層6階建てで瓦などに金箔を数多く使った華美な姿だったという。
御殿

秀吉得意の城攻めが城づくりに生きている

上杉謙信《うえすぎけんしん》や織田信長は大変な戦上手であったが、城攻めはあまり得意ではなかった。しかし、秀吉は逆に城攻めが得意で、彼ほど城攻めに長《た》けた武将もいない。

中国攻めでは鳥取城や備中《びっちゅう》高松城を兵糧《ひょうろう》攻《ぜ》め（P116）、水攻め（P118）といった策略で落とした。戦国一の惣構を誇った小田原城（P152）をも三ヵ月の包囲戦の後に開城させるなど、多くの城攻めを成功させている。

こうした経験を、築城にも役立てたのは間違いない。

茶室を舞台に天下の政治経済を動かす

茶室には
大名や、有力商人
などを呼ぶ
戦争や政治経済
の話題も
次の戦では経済援助をしてくれるか？
もちろんご協力します

秀吉が建てた大坂城内には、「山里曲輪」と名づけられた一角があった。木の繁る、文字通り山里のような風情を保つ場所で、秀吉は茶会や花見を楽しんだという。茶会は政治的要素を兼ねていたため、密談も数多く交わされたことだろう。秀吉が好んだ茶人としては、千《せんの》利《り》休《きゅう》が有名。

豊臣秀吉

覇者の築城史②

次は大陸へ……。野心を燃やして築城を続ける

聚楽第
墨俣城
石垣山城
姫路城
長浜城
名護屋城
伏見城
大坂城

広範囲に散らばる築城

1585年
朝廷から、関白の位を賜る

1586年
聚楽第《じゅらくてい》

天皇のお膝元で関白の力を誇示した

秀吉の京都における滞在所としてつくられた大邸宅。天皇や天正少年使節を迎えるなど、政庁の役目を果たした。城としての防御設備もあった。

1590年
石垣山城

再びの「一夜城」天下まであと一歩

北条氏討伐の際、小田原から3kmの位置にある山に築城。完成後に周囲の木を伐採したため、敵方からは一夜で築城されたように見えたという。

1590年
小田原城を落とし、天下統一を果たす

信長亡き後、対立する明智光秀《あけちみつひで》や柴田勝家《しばたかついえ》を破ってその地位を受け継いだ秀吉は、天下統一に向けて突き進む。

徳川家康を臣従させ、九州・四国・北陸を平定。一五八五年には朝廷から関白《かんぱく》の位を賜って豊臣政権を開く。一五九〇年、関東の最大勢力であった小田原城の北条氏直《ほうじょううじなお》を降伏させ、天下統一を達成する。

次に彼がめざしたのは海外。肥前《ひぜん》（佐賀県・長崎県各一部）の名護屋《なごや》城の築城を皮切りに、日本中から集めた二〇万の大軍を朝鮮半島へ送り込む。このとき秀吉の寿命は残りわずかであった。

五年後に秀吉は没し、再び空席となった天下人の地位をめぐって日本は乱れる。

1591年
名護屋城

朝鮮半島へ兵を出す拠点として九州に築城

九州の諸大名に命じ、8ヵ月という突貫工事の末に完成。大坂城に次ぐ広壮な規模。朝鮮半島へ出兵する本陣、前線への補給拠点の役割を果たした。

1592～1597年

大陸出兵に余生をかける

「文禄《ぶんろく》・慶長《けいちょう》の役」と呼ばれる2度の大陸出兵は、朝鮮半島はおろか明《みん》（中国）まで征服しようという野望実現のため決行された。当初は快進撃を見せた日本軍だったが、次第に戦線はこう着状態に陥り、秀吉の病死で終止符が打たれた。

1594年
伏見《ふしみ》城

隠居城として築いた秀吉最後の城

自身の隠居所として京都の指月《しづき》山《やま》に築いた。聚楽第の一部を解体し増築。地震で倒壊後は木幡《こばた》山《やま》に移築。秀吉はここで病死している。

豊臣家の将来を案じ、大坂に惣構《そうがまえ》を築く

秀吉は晩年、子の秀頼《ひでより》に譲ることになる伏見城と大坂城に惣構（P153）の普請《ふしん》を命じた。天下の行く末を心配し、小田原城攻めで学んだ惣構を備えることで豊臣家を守ろうとしたが…（P142へ）。

徳川家康

覇者の築城史③

「関ヶ原の戦い」以前は関東・中部を中心に築城

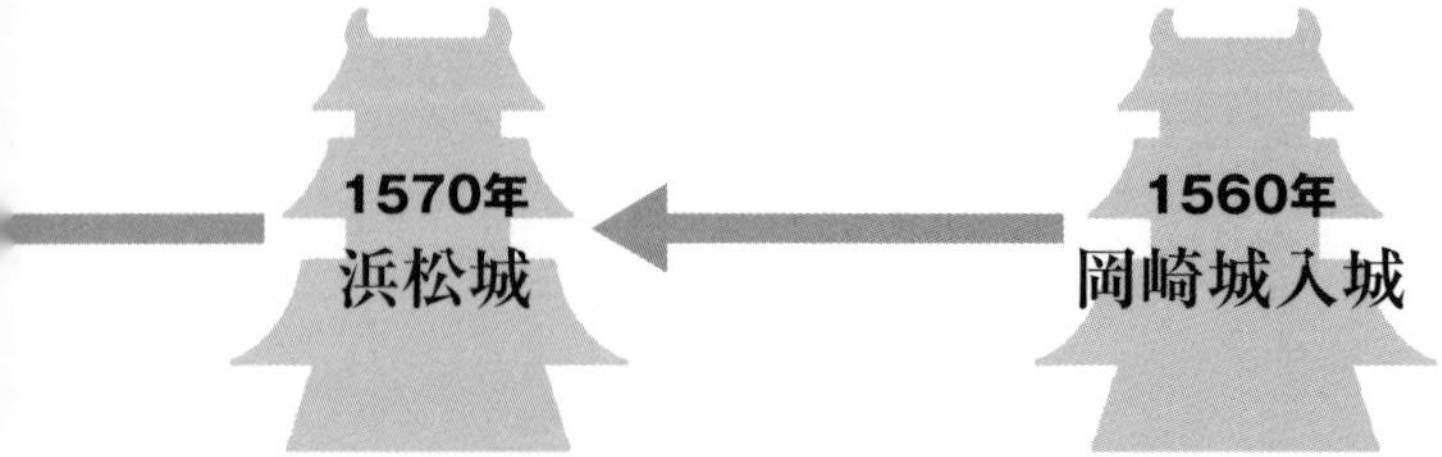
1560年
岡崎城入城
1570年
浜松城

先祖代々の城を取り戻す

元は家康の祖父が手に入れて本拠地とした。家康の生誕地でもある。「桶狭間の戦い」で主君の今川義元《よしもと》が戦死すると、家康はこの城に戻り独立した。

支配領域を拡大。武田氏対策も

今川家の城であったが、三河を平定した家康が攻略して奪う。その後、武田《たけだ》信玄《しんげん》の侵攻に備えるため、本拠地をここに移した。別名「家康の出世城」。

居城の移りかわり
江戸城
駿府城
岡崎城
二条城
浜松城
伏見城
国取りも城づくりも堅実にいくのがいちばん!!

徳川家康
生没年 1542-1616
出身地 三河国（現在の愛知県東部）

1586年
駿府城《すんぷ》

焦らず急がず東国支配を着実に

武田氏の滅亡後、駿河の支配をめざし、今川家の本拠地があった場所に築城。江戸幕府を開いた後も、家康は主にこの城で大御所《おおごしょ》として政務を執り続けた。

1600年
「関ヶ原の戦い」で勝利。事実上の天下人

1602年
伏見《ふしみ》城（修築）
二条城

次期政権へ向けて余念がない

「関ヶ原の戦い」の後、伏見城を経て、京都における宿所として二条城を造営。征夷大将軍《せいいたいしょうぐん》就任の祝賀の儀がここで行われた。「大坂の陣」（P123、P142）では本営を置いた。

1603年
征夷大将軍に任命。江戸幕府のはじまり

1604年
江戸城
次ページへ

尾張《おわり》（愛知県西部）の織田氏や駿河《するが》（静岡県中央部）の今川氏に人質に出され、忍従の幼少時代を過ごした徳川家康《とくがわいえやす》。「桶狭間《おけはざま》の戦い」後に運命が一変。岡崎城で独立してからは織田信長に従い、三河《みかわ》平定後は遠江《とおとうみ》（静岡県西部）へと進出する。

信長とともに武田氏を滅ぼした後は駿河・信濃《しなの》（長野県）・甲斐《かい》（山梨県）を得てさらに領土を広げた。

信長の死後、豊臣秀吉と政権を争うも講和し、臣従して傘下に入る。秀吉に江戸（東京都）への移封《いほう》を命じられると、城下町を整備して関東で磐石《ばんじゃく》な政治基盤を築いた。

その城づくりは、領国安定から覇権掌握のためのものへと徐々に進化を遂げていった。

覇者の築城史③

徳川家康

江戸城
徳川幕府二六〇年の基礎となる

さびれていた江戸を日本の中心地に

豊臣秀吉の命令によって家康が江戸に入ったのは1590年。当時の江戸には民家が300戸あまり、城は小さく石垣もなく、御殿は雨漏りさえするほどだった。しかし、家康はこの地の将来性を見込んで徹底的に拡張・整備にかかる。

巨大な江戸城下町が参勤交代を可能にした

参勤交代の実施

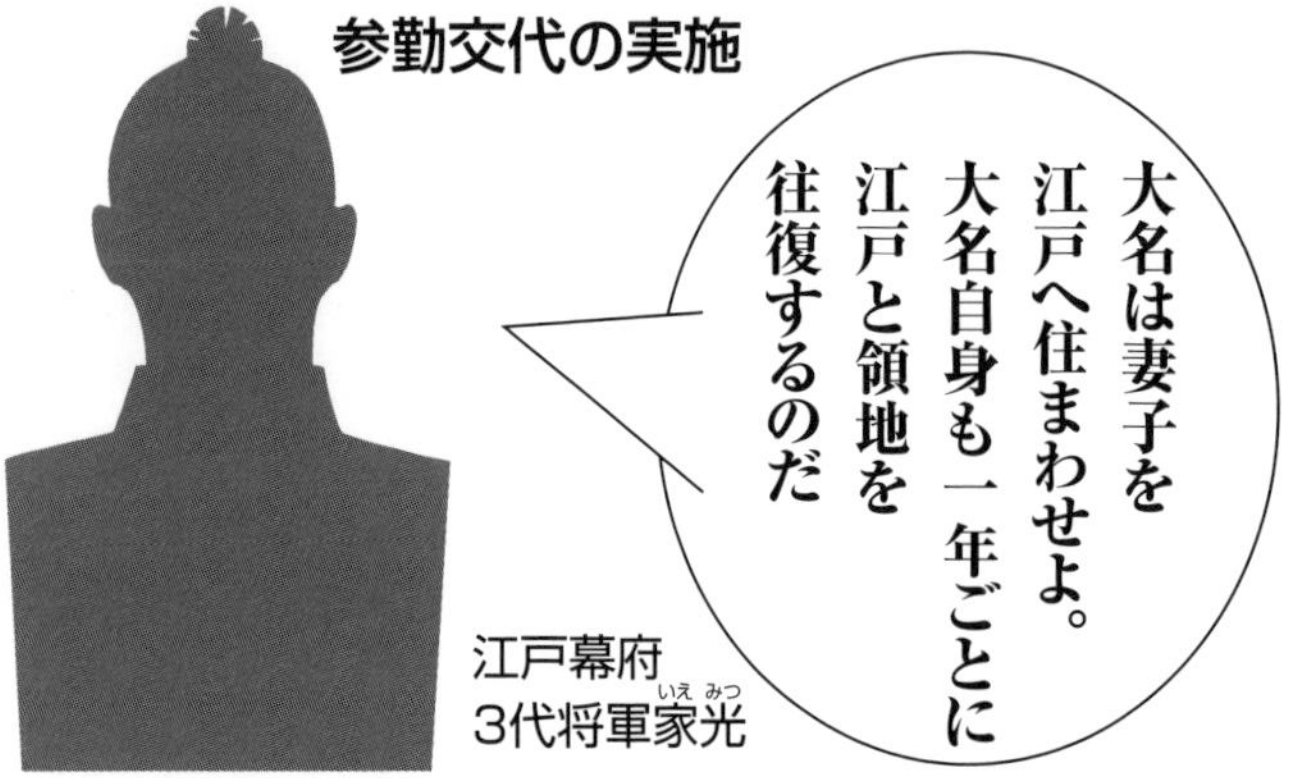
大名は妻子を
江戸へ住まわせよ。
大名自身も一年ごとに
江戸と領地を
往復するのだ

江戸幕府
3代将軍家《いえ》光《みつ》

もし江戸が巨大都市でなかったら……
↓
参勤交代で大名とともに江戸へやってくる武士を生活させることができない
↓
参勤交代の制度は不可能

江戸は巨大都市
↓
全国からどんなに人が集まっても大丈夫
↓
参勤交代が可能
↓
諸大名は多大な出費
↓
大名たちは力を失い、徳川家は安泰

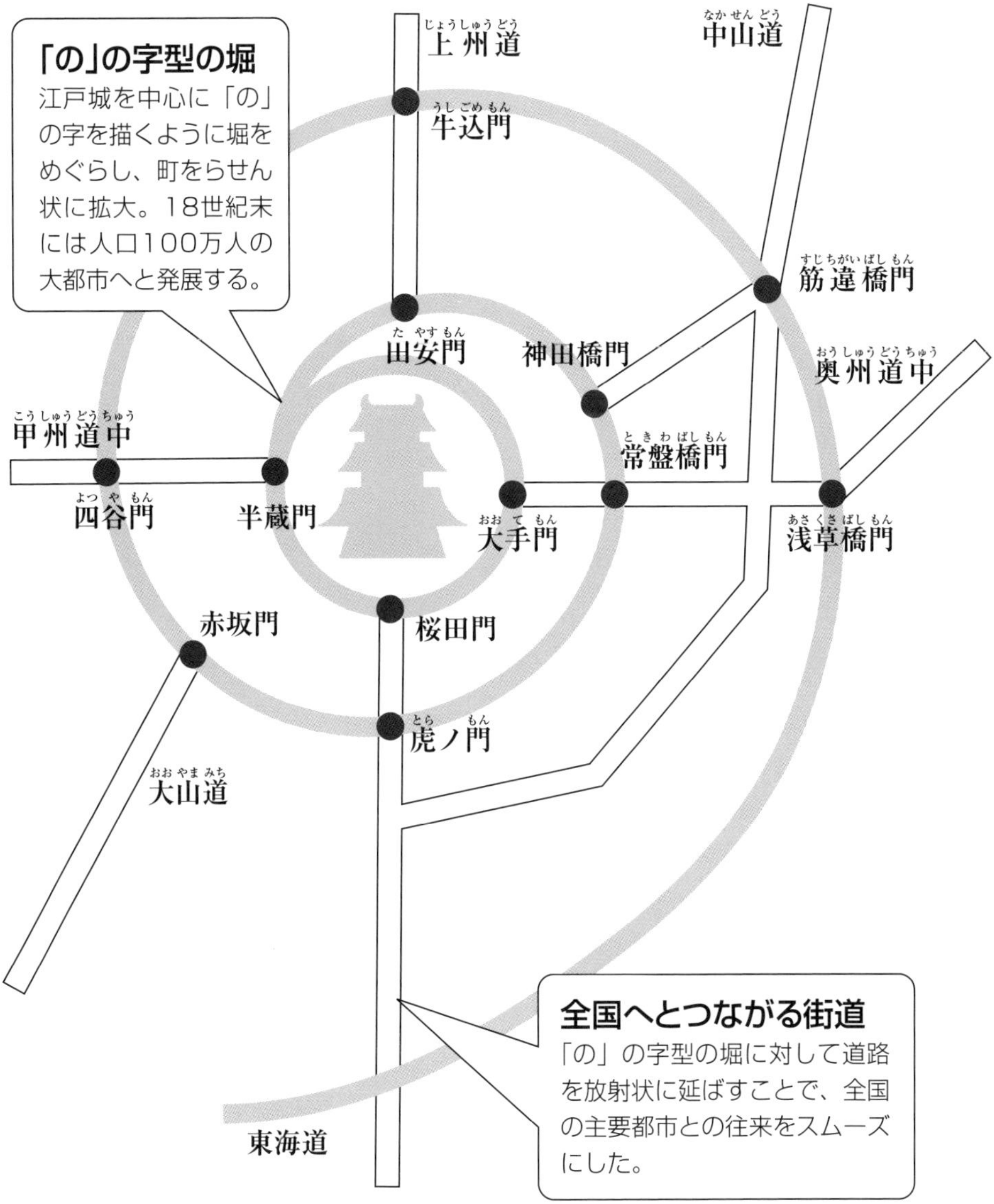

「の」の字型の堀
江戸城を中心に「の」の字を描くように堀をめぐらし、町をらせん状に拡大。18世紀末には人口100万人の大都市へと発展する。
上州道《じょうしゅうどう》
中山道《なかせんどう》
牛込門《うしごめもん》
筋違橋門《すじちがいばしもん》
田安門《たやすもん》
神田橋門
奥州道中《おうしゅうどうちゅう》
甲州道中《こうしゅうどうちゅう》
常盤橋門《ときわばしもん》
四谷門《よつやもん》
半蔵門
大手門《おおてもん》
浅草橋門《あさくさばしもん》
赤坂門
桜田門
虎ノ門《とらもん》
大山道《おおやまみち》
全国へとつながる街道
「の」の字型の堀に対して道路を放射状に延ばすことで、全国の主要都市との往来をスムーズにした。
東海道

現在の千代田区全域が江戸城内

264年にも及んだ江戸時代の政治の拠点だった江戸城。その構造は「惣構《そうがまえ》」（P153）に基づき、幕臣や武士たちの住まいがある武家地、城下町を含み、現在の東京都千代田区全域に及んだ。皇居や北の丸公園などはその主郭部分に過ぎない。「の」の字型の堀に沿う形で、江戸の町は永続的に広がり続けたのである。

徳川家康

覇者の築城史③

天下統一の総仕上げ。大坂城包囲網を形成する

秀吉の命令で江戸を居城とした家康だったが、常に豊臣政権下の中心的存在であり続け、京都の伏見《ふしみ》城や二条城に滞在することが多かった。「関ヶ原の戦い」に際しては、戦前に多くの有力大名を味方につけることに成功。東海道筋《とうかいどうすじ》の諸城を引き込んで勝利をたぐり寄せた。

その後徳川家による武家政権・江戸幕府を開くが、家康は大坂城に籠《こ》もる秀頼《ひでより》をはじめ、豊臣の残存勢力討伐のため、各地の城を改修するなど軍備強化を緩めなかった。

そして「大坂の陣」でついに豊臣家を滅ぼした。

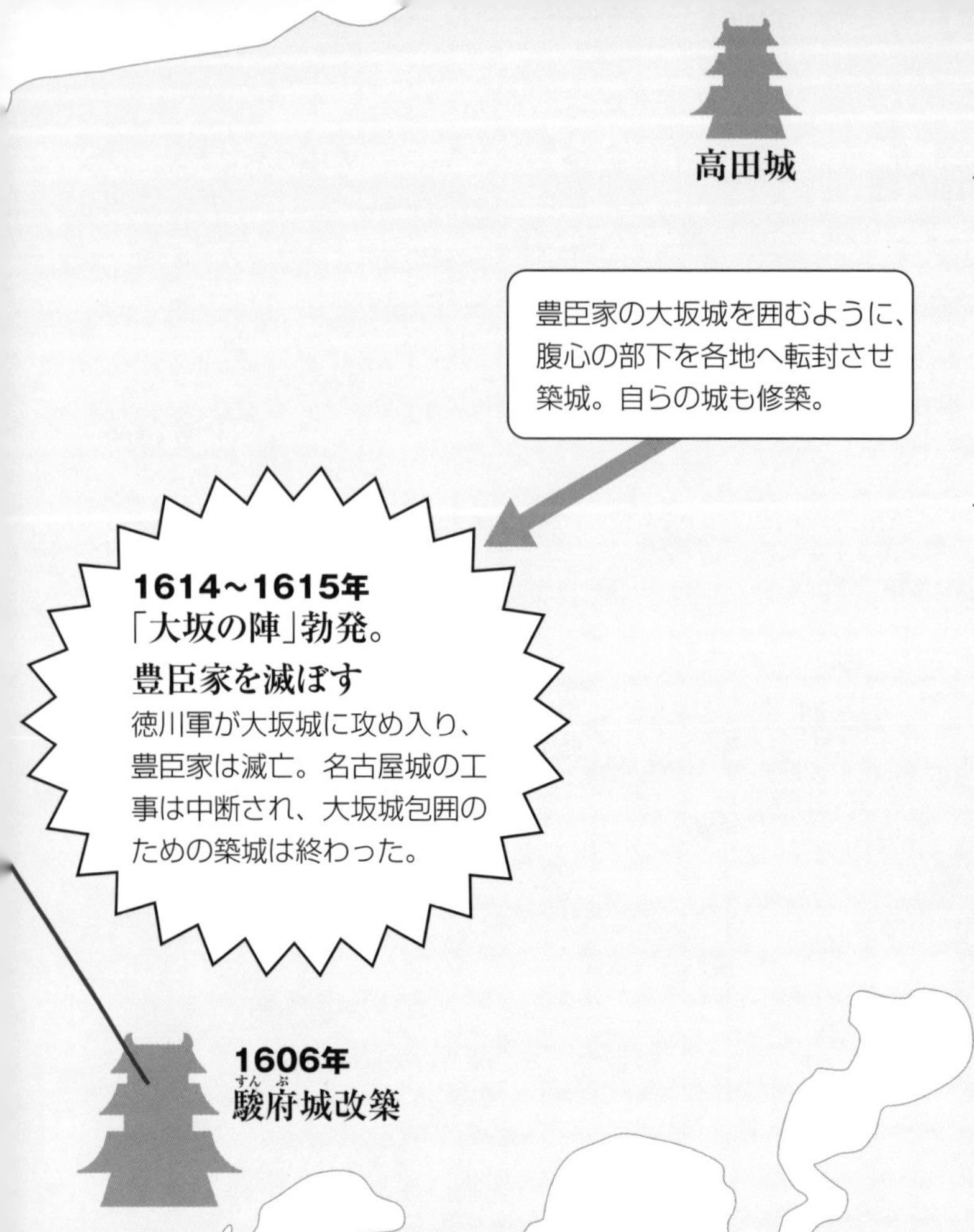
高田城
豊臣家の大坂城を囲むように、腹心の部下を各地へ転封させ築城。自らの城も修築。
1614～1615年
「大坂の陣」勃発。
豊臣家を滅ぼす
徳川軍が大坂城に攻め入り、豊臣家は滅亡。名古屋城の工事は中断され、大坂城包囲のための築城は終わった。
1606年
駿府《すんぷ》城改築

1616年
駿府城にて75年の長い生涯を終える
家康は江戸幕府を開いてまもなく、息子の秀忠《ひでただ》に将軍職を譲り、自らは駿府城に移り隠居した。しかし、大御所《おおごしょ》として政務は執り続けた。豊臣家を滅ぼした翌年の1616年、駿府城内で病死する。

福井城
長浜城
加納城
丹波《たんば》亀山城
篠山《ささやま》城
膳所《ぜぜ》城
二条城
彦根城
姫路城
1610年
名古屋城
伏見《ふしみ》城
伊賀上野城
豊臣家の大坂城
津城

対大坂の重要地
大坂ににらみを利かせるとともに東海道の防衛拠点として、外様《とざま》大名（関ヶ原の戦い以降に家康に臣従した大名）を動員し造営。清洲《きよす》城を破却して城下町ごと引越し、九男義直《よしなお》の居城とした。

＊この地には、織田信長が生まれた那古野《なごや》城があった。

天下普請

戦国の覇者だけが日本中から人を動員できた

織田信長

大規模な普請をはじめる

信長の城といえば、安土《あづち》城。信長に普請を命じられた重臣の丹羽長秀《にわながひで》は、東海・北陸・近畿の諸将を総動員し、京都・奈良・堺から大工や職人を呼び寄せ、数年の歳月を経て完成させた。これが「天下普請」の土台といえる。

豊臣秀吉

巨城は普請も大がかりだった

信長にかわって天下統一を果たした秀吉の築城もまた大がかりだった。聚楽第《じゅらくてい》、方広寺大仏殿《ほうこうじだいぶつでん》、名護屋《なごや》城、伏見《ふしみ》城などがそうである。とくに大坂城は、国中の石切場《いりきりば》から石垣用の岩を運ばせ、本丸《ほんまる》の築造だけでも約１年半が費やされたという。

「普請《ふしん》」とは、今も使われるが、土木工事のことを表す。戦国時代には治水や城の建築のため、普請がたびたび行われ、多くの人がその作業に従事した。とりわけ大勢を集めて行われた大規模なものを「手伝い普請」と呼んだ。

やがて徳川家康が江戸幕府を開いて覇権を握ると、日本中の大名を集めての「天下普請《てんかぶしん》」に発展。

諸大名に築城を命じ、莫大な出費をさせて財力を削ぐことで、幕府と諸大名の力の差は開く一方であった。こうして、戦乱の時代は収束へと向かうのである。

徳川家康

天下普請が本格スタート。豊臣恩顧の大名を使う

江戸時代に入ると、家康に対抗する大名はほぼ皆無となった。家康は居城や幕府のための城づくりに、全国の諸大名を大いに利用。普請にあたって禄高《ろくだか》1000石につき1人の労働者を提供するよう命じた。家康の覚えをよくするため、それ以上の労働力を差し出す大名もいた。

天下普請のメリット①

対抗勢力の財力を削ぎ徳川家のひとり勝ちに

天下普請にたびたび動員された、秀吉子飼いの猛将の福島正則《ふくしままさのり》は「最近は城普請が頻繁だ。江戸城や駿府《すんぷ》城は徳川殿（家康や秀忠《ひでただ》）の城だからいいが、名古屋城は子どもの城だ。こんなことにまで駆り出されては我慢できない」と財力の窮乏を嘆いたという。

天下普請のメリット②

技術の高い大名を使い楽々と築城

秀吉のもとで大坂城や聚楽第などの大規模な城づくりを経験した諸将には築城名人が多い。彼らに命じ、家康は労せずして堅城を築くことができた。

動員された大名らにもメリットがあった

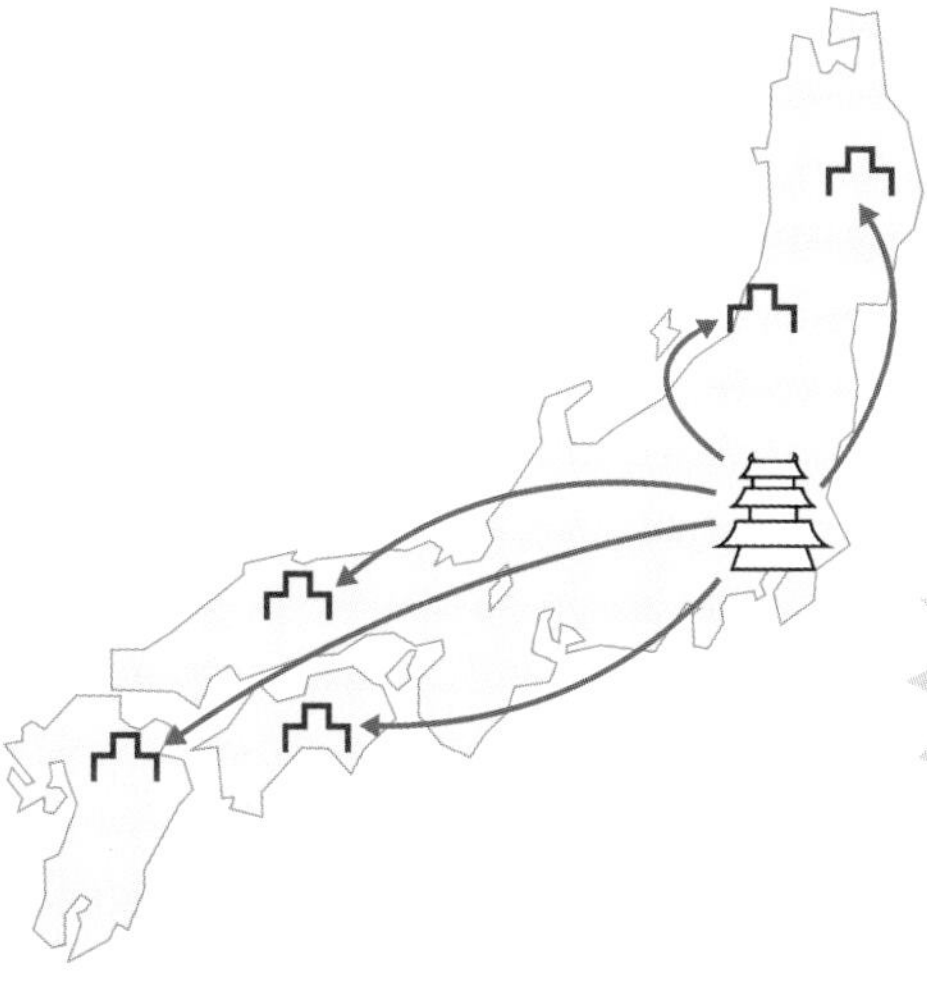

天下普請により築城技術は全国へ

天下普請に渋々従った大名たちではあったが、全国規模での城建築は相互に築城技術を学ぶ場でもあった。

築城ブーム到来

「関ヶ原の戦い」で家康に味方し、新たな領地を得た大名たちは、天下普請で学んだ築城術を生かして、競うように立派な居城を築く。関ヶ原の戦いから徳川江戸幕府が城の新規建築や無断での増改築を禁止する（P146）までの約15年は、さながら「築城ブーム」ともいえる期間だった。

破城

すべては天下統一のため。討ち取った城を壊す

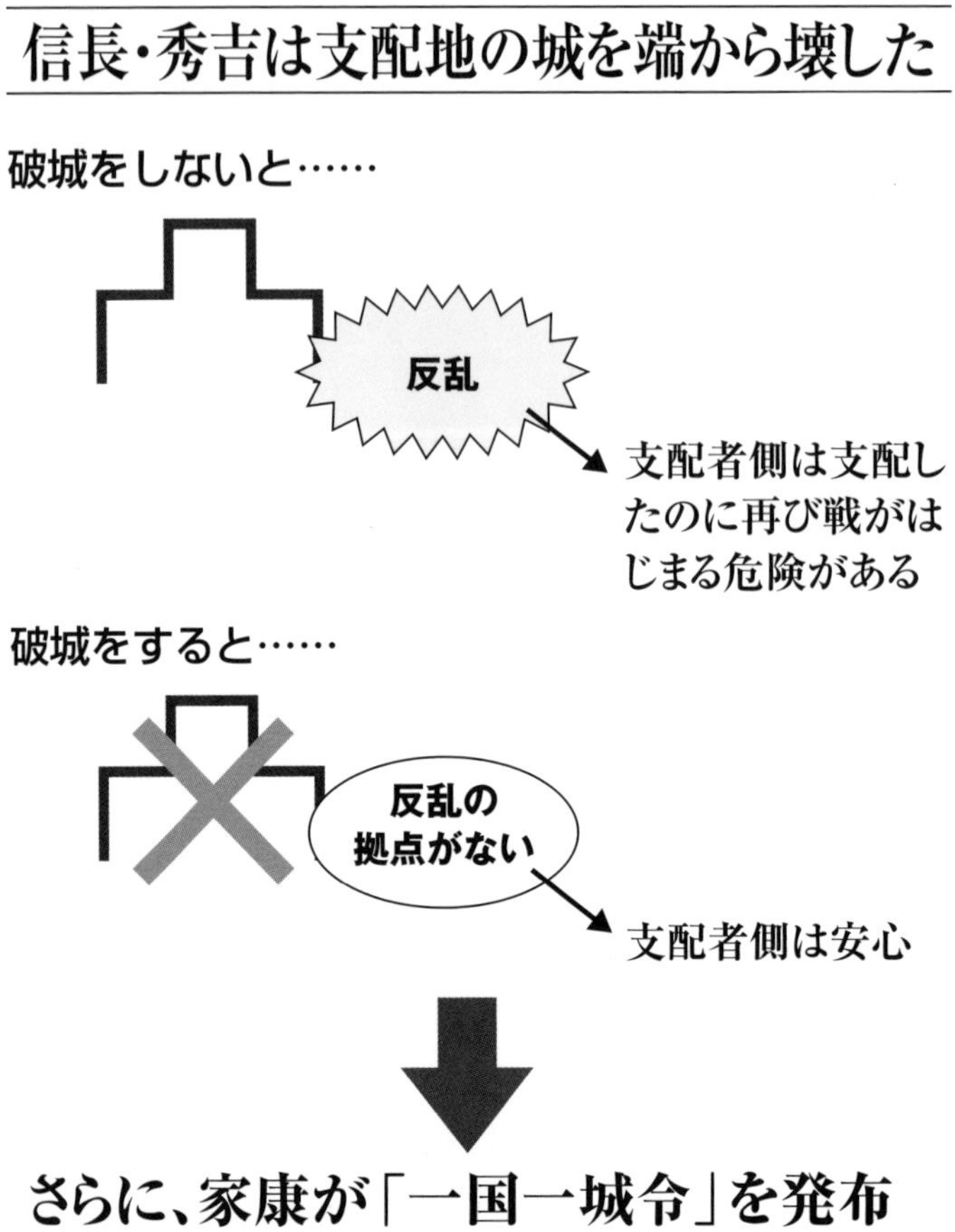
信長・秀吉は支配地の城を端から壊した
破城をしないと……
反乱
支配者側は支配したのに再び戦がはじまる危険がある
破城をすると……
反乱の拠点がない
支配者側は安心
さらに、家康が「一国一城令」を発布

「破城《はじょう》」とは、文字通り城を壊してその機能を失わせること。「城割《しろわり》」や「廃城《はいじょう》」とも表す。

戦国時代中期までは、敵の城を奪った際はそれを生かし、新拠点とすることが多かった。しかし、織田信長の台頭以降は敵の城を壊し、新しい城をつくるケースが現れはじめる。時代が進み、平城《ひらじろ》や平山城《ひらやまじろ》（P99）が主流となったのも、立て籠《こ》もるのに便利で乱のもととなる山城《やまじろ》（P98）が次々と破城されたためだ。支配者にとって、城は少ないに越したことはない。こうした考えが、徳川家康による「一国一城令《いっこくいちじょうれい》」につながった。

＊一国一城令により安土・桃山時代に3000近くあったとされる城が、200足らずに減少した。

家康が築城技術を衰退させた

無断で城を
修理・新築してはならん
一国につき一城のみ
ほかの城は壊すのじゃ
一国一城令（1615年）の影響
大名の力が抑えられる
徳川260年の基礎になる
城の数、築城機会が減少する
築城技術が衰退する

「人は城」では不十分。二段構えの城で備えた

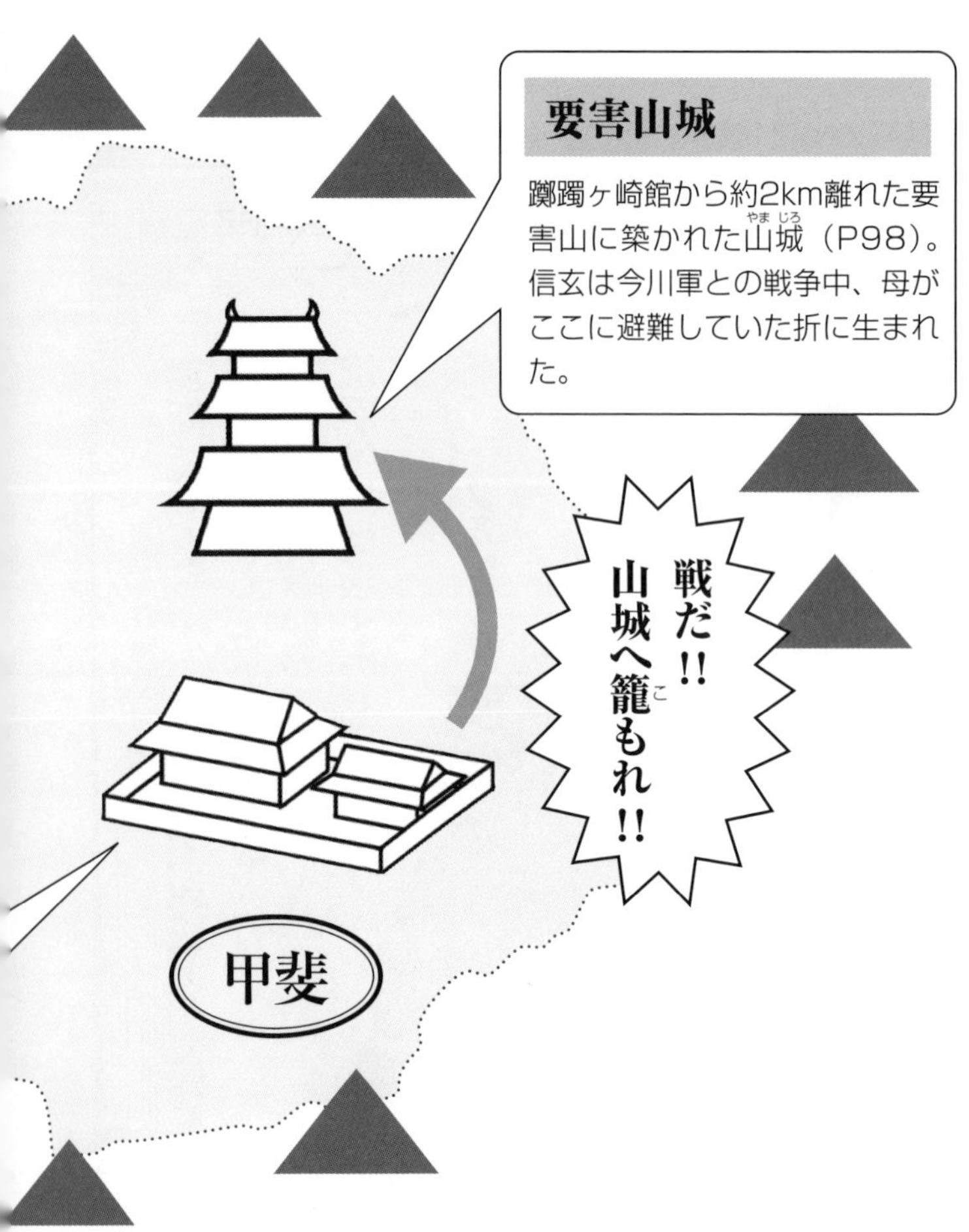
要害山城
躑躅ヶ崎館から約2km離れた要害山に築かれた山城《やまじろ》（P98）。信玄は今川軍との戦争中、母がここに避難していた折に生まれた。

戦だ!!

山城へ籠《こ》もれ!!

甲斐

「風林火山《ふうりんかざん》」の旗印で有名な武田信玄《たけだしんげん》は、戦国最強の甲州《こうしゅう》軍団を率いる大名として諸国に恐れられた。

信玄のスローガンとされるものに「人は城、人は石垣、人は堀……」がある。堅固な城を築くよりも人材の育成や家臣たちの結束こそが、国づくりには重要であるという意味だ。

周囲を山に囲まれるとともに、強大な軍事力を備えていた領地の甲斐《かい》は、敵の侵攻を受けることがほとんどなかったために生まれた言葉という。ただ、居館の躑躅ヶ崎館《つつじがさきやかた》の背後に要害山《ようがいさん》城を置くなど有事への備えは万全だった。

甲斐は安心だ！外征に力を注ぐぞ！

信濃

海津城（現・松代《まつしろ》城）

松本城

外地で築いた城の数々

100万石以上の領地を有した武田氏。足がかりとなったのは、信濃《しなの》（長野県）の松本城や海津《かいづ》城、駿河《するが》（静岡県中央部）の江尻《えじり》城などの前線基地。

駿河

江尻城

武田信玄
生没年　1521-1573
出身　甲斐国（現在の山梨県）

躑躅ヶ崎館

信玄の父（信虎《のぶとら》）が築いた居館。信玄と子の勝頼《かつより》の代にも政庁として機能。虎口《こぐち》（P88）や石垣などを備え、一種の平城《ひらじろ》（P99）とも呼べる建物だった。

国堅固《くにけんご》の甲斐の国

甲斐は関東山地や富士山などの山々に囲まれ、国自体が天然の要害。要害山城や一条《いちじょう》小山《こやま》城（後の甲府城）など支城《しじょう》（P174）も合わせ、国全体が堅固であった。

この城も行きたい

躑躅ヶ崎館

信玄を祭る武田神社が建つ

所在地／山梨県甲府市

武田氏滅亡後に改修された土塁や堀が残る。ＪＲ甲府駅からバスで8分。

武将の城②
上杉謙信

春日山城が不敗神話を陰で支えた

戦の合間を山頂で過ごす

居住には不便であったはずの山城《やまじろ》だが、謙信は好んでここで過ごした。山頂の本丸《ほんまる》にあった毘沙門《びしゃもん》堂で、瞑想や戦勝祈願をしたという。また、謙信が生まれたのも、脳溢血で倒れ最期を迎えたのも、この春日山城内であった。

上杉謙信
生没年　1530-1578
出身　越後国（現在の新潟県）

「川中島《かわなかじま》の戦い」で知られる通り、武田信玄《たけだしんげん》の最大のライバルだったのが、上杉謙信《うえすぎけんしん》。越後《えちご》を拠点に、北陸や関東にも勢力を伸ばした戦国屈指の有力大名である。

上杉氏の拠点の春日山《かすがやま》城は、武田氏の要害山《ようがいさん》城と同じく、もともとふもとにあった居館の詰所《つめしょ》という位置づけの小さな城だった。謙信はこれを大幅に拡張・整備。その規模は「越後の軍神」と呼ばれた謙信の居城にふさわしいものであった。謙信存命中から外敵に攻められたことはなく、合戦《かっせん》の表舞台には登場しないまま江戸時代に廃城となった。

春日山城

春日山は、日本海まで約4kmの位置にそびえる。標高180m。山としてはさほど高くないが、城を建てるにはほどよい規模であったようだ。尾根や山腹を活用した曲輪《くるわ》群（P62）など、まさに「難攻不落」の城だった。

謙信亡き後上杉家の城は米沢へ

春日山城のほかに、上杉家の城として有名なのが米沢《よねざわ》城（山形県米沢市）だ。

謙信の死後、家督を継いだ上杉景勝《かげかつ》は、豊臣政権下で会津《あいづ》（福島県）へと移る。しかし「関ヶ原の戦い」で徳川方に敵対したため、禄高が減らされ、米沢城へ。その後、名参謀の直江兼続の指揮で城と城下町を整備、幕末まで上杉家代々の居城となった。

直江兼続

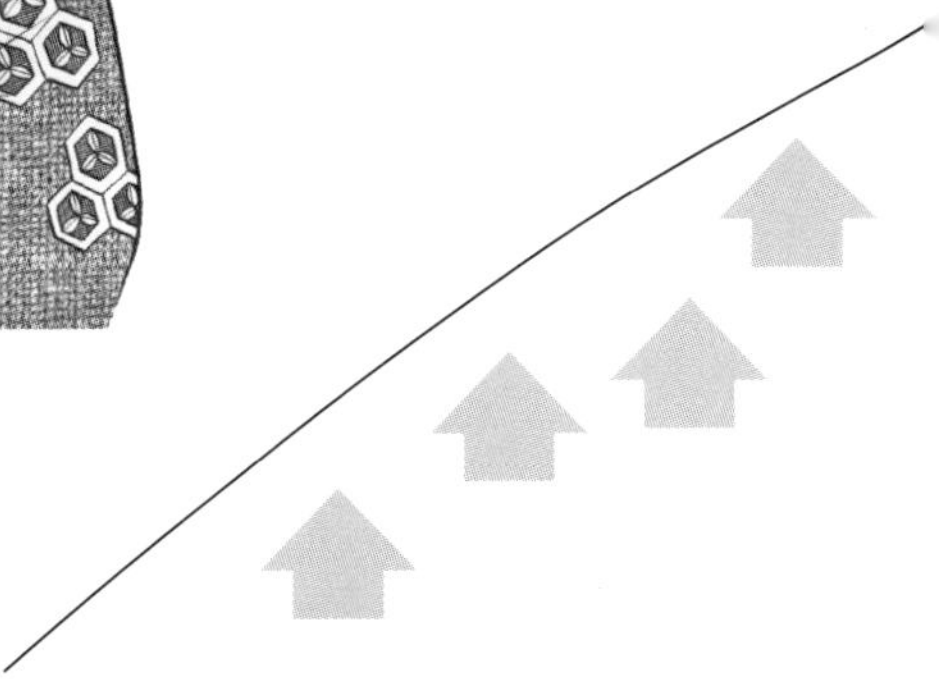

山腹には最強といわれた家臣団の屋敷

古い絵図などによると、城下の町には、上杉家の家臣として名高い直江兼続《なおえかねつぐ》や柿崎景家《かきざきかげいえ》ら家臣団の屋敷が置かれていた。また、城内の曲輪にも彼らの邸宅が置かれていたらしい。ただ、城跡からは石垣も瓦も発掘されておらず、その実像には不明な点が多い。

この城も行きたい

春日山城

巨大な空堀《からぼり》や土塁は戦国の山城ならでは

所在地／新潟県上越市

再建された毘沙門堂が建つ。戦国期の大きな空堀がいくつも残っている。

ＪＲ直江津駅から車で20分。

武将の城③

北条家五代

強化した小田原城を盾に謙信、信玄を撃退した

相模《さがみ》（神奈川県）をはじめ、関東地方で強い勢力を誇ったのが、五代にわたって栄えた北条《ほうじょう》氏。小田原は初代早雲《そううん》※が攻め取り、二代氏綱《うじつな》が本拠地に定めて移り住み、三代氏康《うじやす》のころに最盛期を迎える。

氏康は小田原城を大幅に拡張し、広大な城下町をつくって周辺勢力に対抗。堅固な守りで、武田《たけだ》信玄《しんげん》や上《うえ》杉《すぎ》謙信《けんしん》の侵攻をも防ぎきり、「関東に北条あり」を全国に印象づけた。

だが五代氏直《うじなお》のときに、天下統一目前の豊臣秀吉が約二二万という圧倒的兵力で小田原を包囲。

北条氏は降伏した。

北条家5代と小田原城の95年

●1495年
北条早雲、小田原城を奪取
(城攻めの様子はP114)

●1561年
上杉謙信の小田原城攻めを籠城《ろうじょう》策でしのぐ

●1569年
武田信玄の小田原城攻めを籠城策でしのぐ

●1589年
惣構《そうがまえ》をつくる

●1590年
豊臣秀吉に包囲され、100日間籠城するも落城

北条早雲

北条家5代

1代目	早雲
2代目	氏綱
3代目	氏康
4代目	氏政《うじまさ》
5代目	氏直

※初代の北条早雲は伊豆の韮山《にらやま》城を居城としていた。

城下町まですっぽり包む

城と城下町全体を囲む、空堀《からぼり》（P74）や土塁、周囲の山や河川など、敵の侵攻を妨げる目的で構成された空間を「惣構」（「総構」とも書く）と呼ぶ。小田原城は、周囲約9kmに及ぶ戦国時代最大級の惣構を誇っていた。

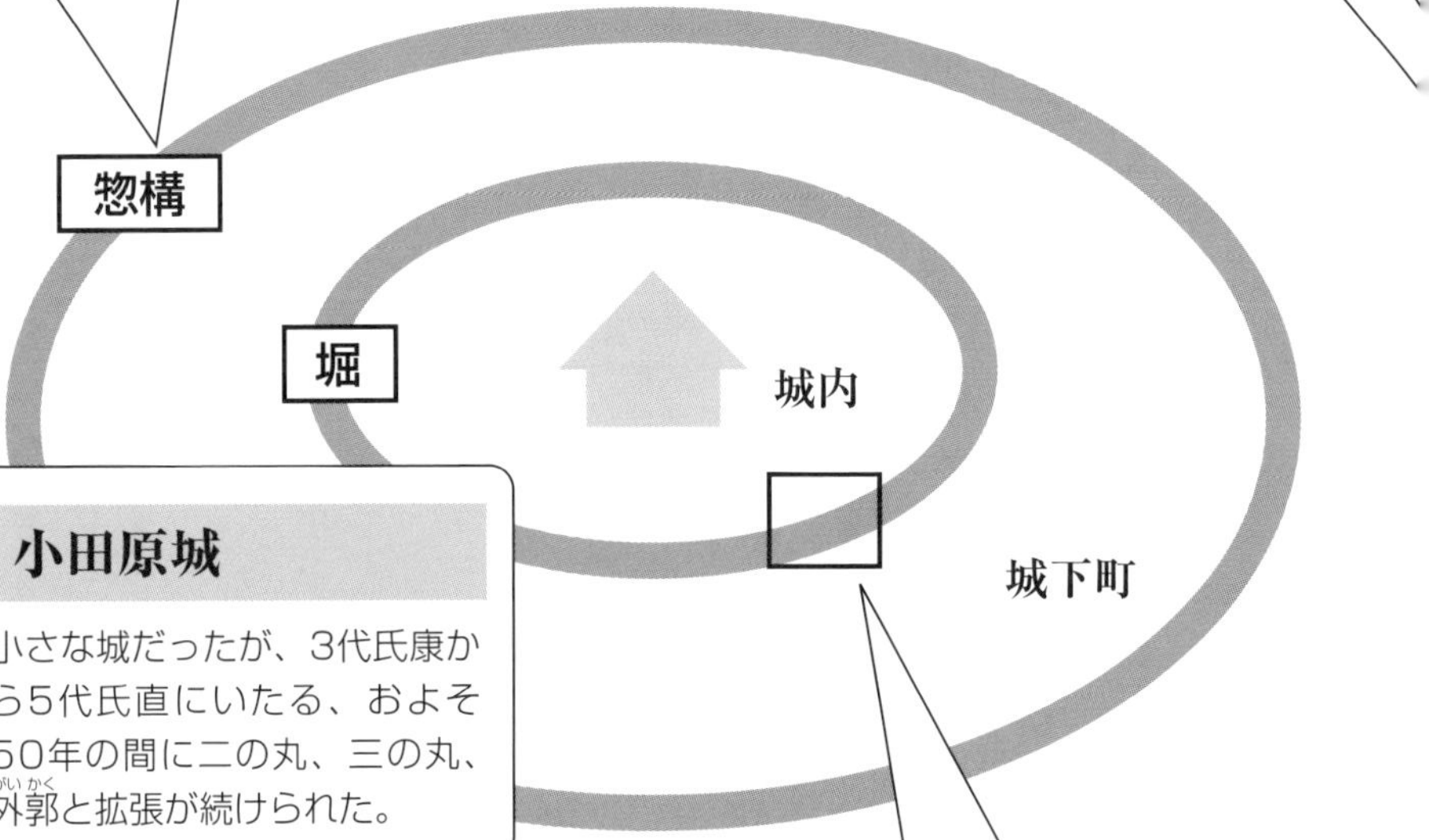

小田原城

小さな城だったが、3代氏康から5代氏直にいたる、およそ50年の間に二の丸、三の丸、外郭《がいかく》と拡張が続けられた。

障子堀《しょうじぼり》

堀を障子のように区切ることで、敵が泳いだり、歩いて一気に侵攻してくるのを防ぐ。北条氏の城に多用された。

小田原城の支城（P174）であった山中城の障子堀

この城も行きたい

小田原城

公園となった現在も昔とかわらず小田原のシンボル

所在地／神奈川県小田原市

1960年（昭和35年）に復元された天《てん》守《しゅ》が建つ。市内には北条氏時代の惣構跡も残る。JR小田原駅から徒歩10分。

築城名人①
加藤清正

石垣づくりの奥義はだれにも教えない

ココがすごい!!

のぼることは困難。反った石垣づくり

西郷隆盛《さいごうたかもり》も落とせなかった熊本城の縄張《なわばり》

明治時代、西郷隆盛率いる薩摩《さつま》軍が、政府軍が籠もる熊本城を攻めた（西南戦争）が、熊本城は落ちなかった。

加藤清正
生没年 1562-1611
出身地 尾張《おわり》国（現在の愛知県西部）

築城に関わった城
江戸城／名古屋城／大坂城／名護屋《なごや》城／熊本城／蔚山倭城《うるさんわじょう》（韓国）など

幼いころから豊臣秀吉に仕え、「賤《しず》ヶ《が》岳《たけ》の七本槍《しちほんやり》」に数えられた清《きよ》正《まさ》は、猛将として日本中にその名を轟《とどろ》かせた。築城のほかに土木工事にも長《た》けた知勇兼備の武将として知られる。

名古屋城の築城にあたっては、着飾った小姓《こしょう》とともに大石の上に乗り、石を引く人々を激励して築城を急がせたり、天守《てんしゅ》台をつくる際には周囲に幕を張ってその石積み手法を隠したという。熊本城内には、秀吉の子秀頼《ひでより》を迎えて立て籠《こ》もるために使う隠し通路を設けたとされるなど、数々の築城伝説が残っている。

加藤清正の石垣へのこだわり伝説

江戸城の石垣普請《ふしん》を命じられた加藤清正と浅野《あさの》長晟《ながあきら》。あたりは沼地。地盤を固めるのが難しかった――
浅野はすでに完成したというのに加藤は茅《かや》を敷いて子どもを遊ばせているだけではないか
よしっ
築造開始だ
ザァー
ザァー
大雨の後、浅野の石垣は崩れたが、子どもが地盤を踏みしめた清正の石垣は崩れなかった

築城名人②

藤堂高虎

高い設計技術と奇抜なアイデアに家康もベタぼれ

ココがすごい!!

江戸城、大坂城（江戸幕府再築）の縄張を担当

日本一の高石垣を築造

望楼《ぼうろう》式から層塔式へ天守の形をかえた

今治城築城のとき、新式の天守を発明した（望楼型、層塔型→P65）。

藤堂高虎
生没年　1556-1630
出身地　近江国（現在の滋賀県）

築城に関わった城

江戸城／膳所《ぜぜ》城／丹波《たんば》亀山城／伏見《ふしみ》城／大坂城／伊賀上野城／津城／今治城／宇和島城／大洲《おおず》城　など

近江《おうみ》出身の武将である藤堂高虎《とうどうたかとら》は時流を読む術に長《た》け、浅井長政《あざいながまさ》、豊臣秀吉、徳川家康といった有力な人物に仕えた。家康に仕えてからは能力を高く評価され、築城の技術を認められて多くの城の設計に携わっている。

加藤清正《かとうきよまさ》が石垣の反りを重視するのに対し、高虎は石垣を高く積み上げる技術にすぐれていた。城の縄張《なわばり》にもすぐれ、多くが現代にまで知られる城として名を残している。

また彼の居城だった今治《いまばり》城の天守《てんしゅ》は、全国初の層塔型《そうとうがた》天守。多くの天守の模範になった。

幕府の隠密も欺いた、伊予宇和島城の縄張

幕府の隠密が宇和島城を調査した
宇和島城の縄張は四角形でございました
そうか

フッフッフッ
だれも気づかないだろう

実際は五角形

一見四角形の宇和島城の縄張は、実は不等辺五角形。四角形と思い込んだ敵に四方を囲まれても、残る一辺から味方の出入りが可能だ。

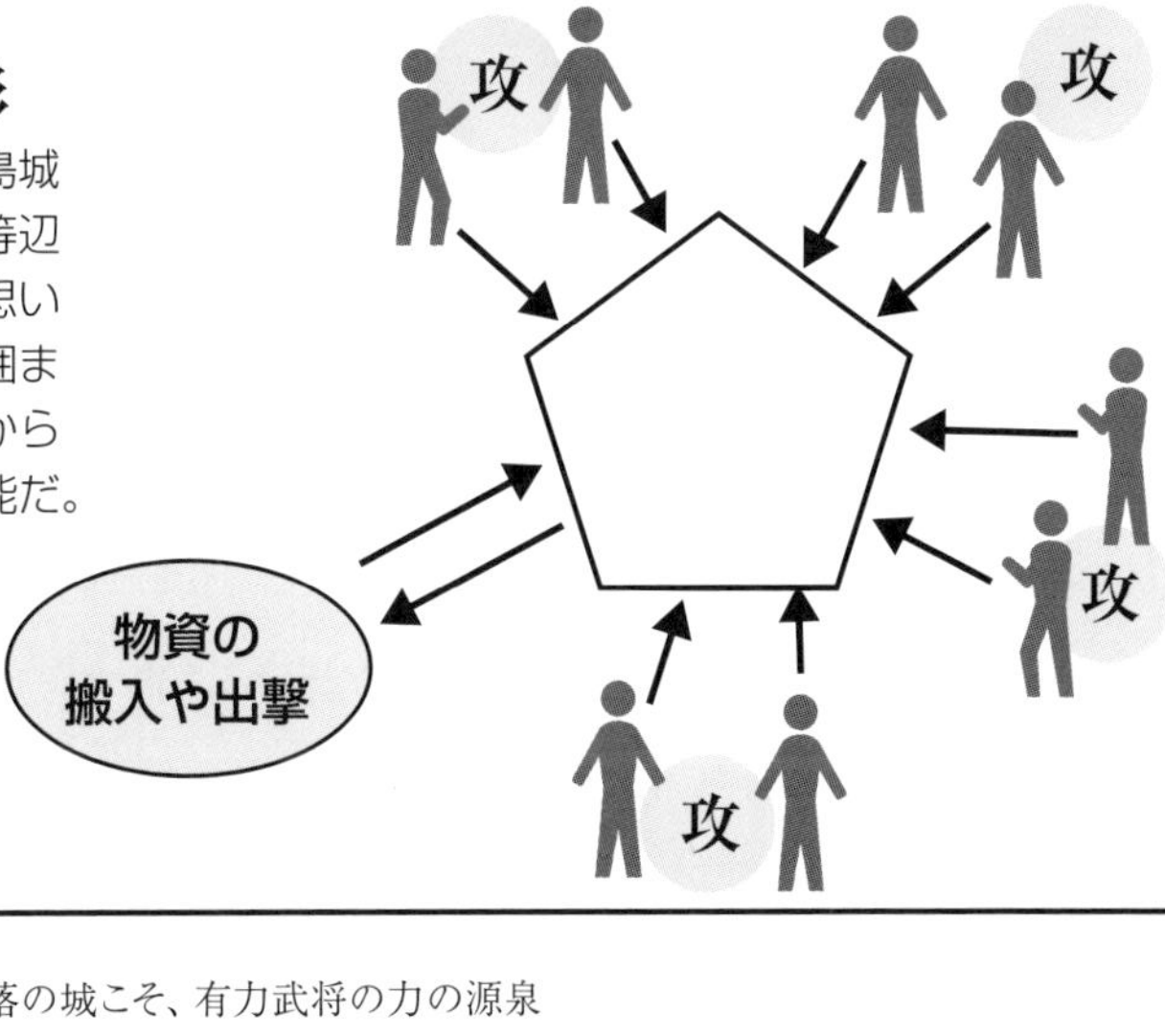
攻
攻
攻
攻
物資の搬入や出撃

城豆知識クイズ 解答

Part1

Q1 ①「チャシ」とは、北海道のアイヌの人々によって築かれた城。アイヌ語で柵を意味する。

Q2 ② 明治の廃城令後、使われなくなった上田城の櫓《やぐら》が移築され、遊郭として使われていたことがあるという。

Q3 ③ 天守《てんしゅ》に出る妖怪を、姫路城に奉公中の宮本武蔵《みやもとむさし》が倒した、との伝説がある。

Q4 ③ 大坂城の蛸石《たこいし》(P39)は32畳敷きもあるという。大坂城には、ほかにも巨石が多い。

Part2

Q5 ③ 普段は使用されない天守だが、籠城《ろうじょう》に備えて、生活ができるようにはなっていた。姫路城にはないが、風呂がついている天守もあった。

Q6 ② 天守や櫓は「あげる」、塀は「かける」など、同じ「つくる」を意味する言葉でもそれぞれ使われる言葉が異なった。

Q7 ② ほかに城内で罪人が出たときにも使用された。忠臣蔵《ちゅうしんぐら》で有名な浅野内匠《あさのたくみの》頭《かみ》が、城内で刃傷沙汰《にんじょうざた》を起こしたときも、この門から城外へと出された。

Q8 ③ 備中《びっちゅう》松山城は、山城のなかで唯一、現存する天守が建つ貴重な城である。

Part3

Q9 ① ノイシュヴァンシュタイン城は、おとぎ話に出てきそうな外観をしている(P189)。

Q10 ② 浜松城の城主になった者が江戸幕府の要職につくことが多かったことから、「出世城」といわれた。

Q11 ① ほかに、大木や岩、熱湯を投げたという。楠木正成《くすのきまさしげ》は戦に勝利している。

Q12 ② 豊臣秀吉の命令で朝鮮半島に出兵した(P137)際に武将らが築いた城が、今も韓国に多く残っている。

第五章
天守にはお殿様が住んでいた？

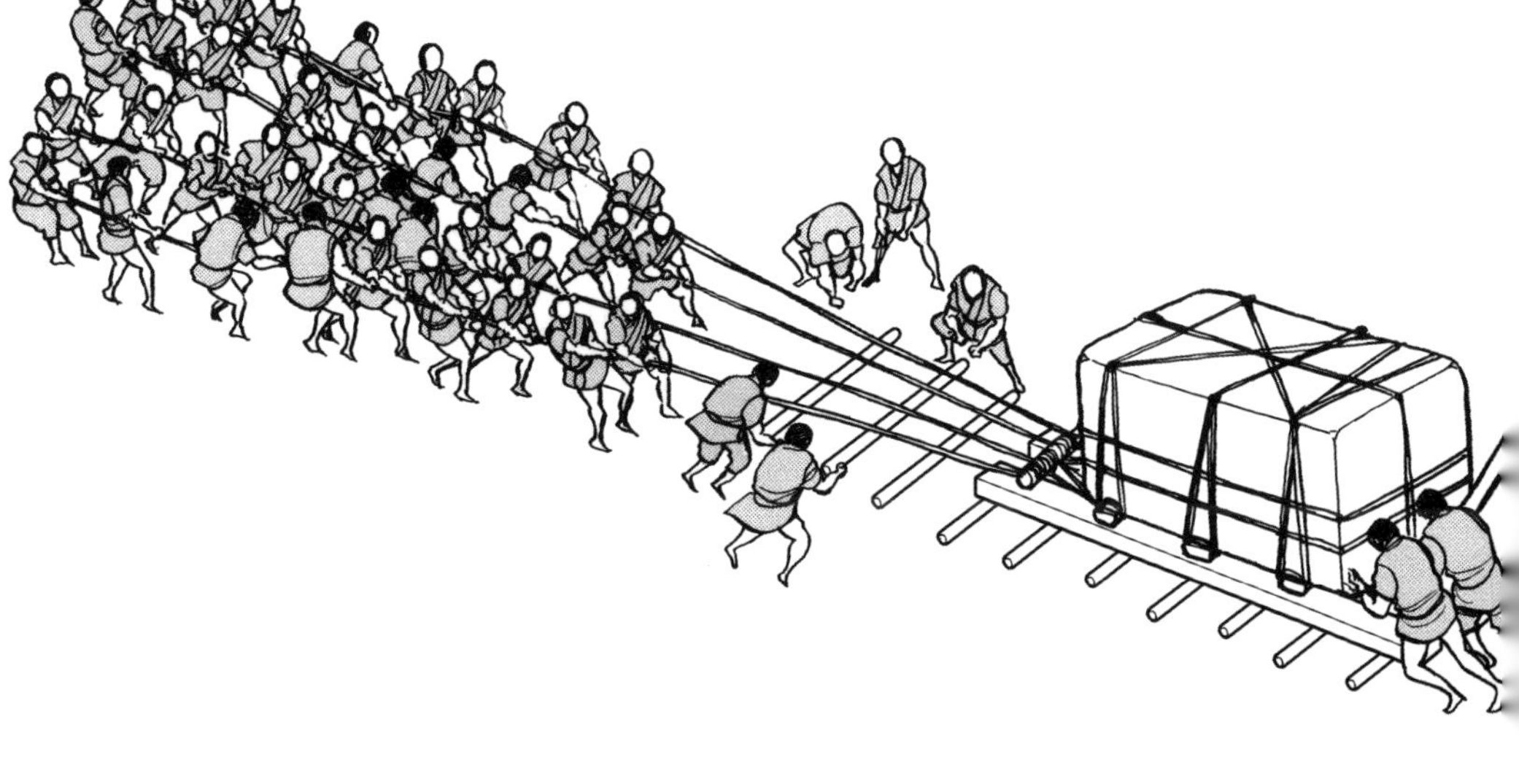

Q 私たちが目にする天守はいつの時代のもの？

A 天守のほとんどは昭和期以降に再建または、建築されたもの。江戸時代当時のもので残っているのは一二基のみです。

現存する天守一二基

国宝

松本城（長野県）→P28

重要文化財

弘前《ひろさき》城（青森県）→P18

丸亀城（香川県）→P43

天守《てんしゅ》の多くは昭和に入ってから再建・建築されたもの。

建築の仕方によって、次の三つの種類に大別される。

史料に基づいて再建された「復元天守」。史料に乏しく、古い絵図をもとにしたり、一部推定のもとに再建された「復興天守」。そして、元から天守が存在しなかった城に、観光を目的としてつくられた「模擬天守」だ。

これらは近代技術を生かした鉄筋コンクリート造がほとんどだが、木造で再建された城もある。

姫路城（兵庫県）→P8

彦根城（滋賀県）→P34

犬山城（愛知県）→P30

備中《びっちゅう》松山城（岡山県）→P42

松江城（島根県）→P40

丸岡城（福井県）→P27

高知城（高知県）→P46

伊予松山城（愛媛県）→P45

宇和島城（愛媛県）→P44

模擬天守

天守がなかった城につくられた天守。

清《きよ》洲《す》城の模擬天守

復興天守

本来の外観とは異なる天守。

大坂城の復興天守

復元天守

本来の外観が再現された天守。

岡山城の復元天守

Q 城っていつからあるのですか？

A 日本における城の起源は、弥生時代の環濠集落《かんごうしゅうらく》です。

戦乱で発達。日本の城の歴史

古代

中世

紀元前3世紀〜3世紀

起源は弥生時代

弥生時代には、村の周りを堀で囲む環濠集落や、高いところにつくる高地性集落など、外敵から身を守る備えが存在した。

稲作の伝来で耕地や作物を奪い合うように

7〜8世紀

古代国家主導の築城

大和《やまと》朝廷により、西日本では大陸からの攻撃に備えて朝鮮式山城《やまじろ》、東北では蝦夷《えみし》征討のために城柵《じょうさく》が、それぞれ築かれた。

弥生時代の環濠集落が発掘された吉野ヶ里遺跡

大きな天守《てんしゅ》をもった城は、城の歴史のなかでは比較的新しい。城の原型は、人同士が争い、殺し合いをするようになった、弥生時代には存在していたという。

居住場所の周りに堀をつくる環濠集落や、土を盛り上げる土塁によって外敵から身を守る防衛設備が、弥生時代の遺跡に確認されている。

時代がくだり、一〇世紀の平安時代半ばに武士が現れ、一四世紀の南北朝時代に彼らの争いが活発になると、城の規模や構造は一気に発達していった。

11～12世紀

武士とその居館の出現

武士が登場し、権力をもつようになると、彼らは館《やかた》に居住した。ある程度の防備が施された小規模のものだった。

14世紀

山城が次々と登場

楠木正成《くすのきまさしげ》が赤坂城·千早《ちはや》城に100日間立て籠《こ》もり、鎌倉幕府の大軍を撃退して以来、籠城《ろうじょう》が一般的な戦法となっていく。それに応じて山城が多く築かれた。

もっと知りたい!
山城→P98

**鎌倉～室町時代
60年にわたる
南北朝の動乱**

15～16世紀

工夫を重ねどんどん堅固に

戦国時代も半ばになると、城は軍事拠点から政治や生活の場としても使われるようになり、平山城《ひらやまじろ》が多く築かれる。その分、入口や櫓《やぐら》などの防備機能が発達し、敵の侵入を拒む多彩な工夫が見られるようになった。

もっと知りたい!
平山城→P99

**戦国時代へ
突入**

16世紀後半

見せつけるための城へ

安土《あづち》城や大坂城のように、天守をもち、規模の大きな城が築かれるようになる。目的は権力の誇示。現在知られる一般的な城の姿はこのころに完成した。

近 世

1615年

徳川幕府の一国一城《いっこくいちじょう》令《れい》により、城の発達は終わりを告げる

もっと知りたい!
一国一城令→P146

Q 本丸・二の丸ってどういう意味？

A 「丸」は曲輪《くるわ》（P62）と同じ意味で、城の区画のこと。本《ほん》丸《まる》・二の丸は曲輪につけられた名前です。

天守《てんしゅ》など、城の中心にある区画が「本丸」。その周囲にある二の丸や三の丸は、大抵本丸よりも大きく、それを囲むように配されている。

基本は本丸・二の丸

本丸
城全体の中心であり、最も奥にある曲輪。

二の丸・三の丸
本丸に続く曲輪が「二の丸」、さらに続く曲輪が「三の丸」。

天守丸・天守曲輪
天守は本丸に建つのが普通だが、天守の建つ曲輪が小さめの場合に名づけられた、例外的な呼称。

大坂城中心部の縄張図

方角のついた曲輪は西が多い

本丸から見た方角により、「東丸」「南丸」「北丸」などもある。なかでも「西丸」とつけられた曲輪が多い。江戸城「西の丸」は、将軍が隠居後に移る曲輪である。

役割や人名なども曲輪の名称に

山里曲輪《やまざとぐるわ》
山里を模した庭園がつくられた区画（曲輪）。

水手曲輪《みずのてぐるわ》
井戸や貯水設備のある区画（曲輪）。「井戸曲輪《いどぐるわ》」と呼ばれることも。

勘助曲輪《かんすけぐるわ》（高遠《たかとお》城）や作左曲輪《さくざぐるわ》（浜松城）など関わりの深い人名がつけられているものも。特色により多彩な名前がある。

Q 黒い天守と白い天守。城主の趣味ですか？

A 黒は豊臣系に多く、白は徳川系に多い、といわれます。

姫路城や彦根城など、現在見られる代表的な城には白壁のものが多い。これは、江戸時代に築かれた城壁の多くが白漆喰《しっくい》で塗り固められたことに関係している。一方、松本城や熊本城など黒壁の城もある。黒や茶色に塗った下《した》見《み》板張《いたばり》を使ったもので、秀吉の時代以前に多く見られた。

これには当時の世の流れも影響している。城は戦いのための設備から政治的なシンボルとなる。時間をかけて漆喰を塗り固める余裕もできた。白壁の城が権力、財力の象徴となっていったのだ。

黒

金箔が映え、城がより豪華に見える。城で財力を誇示する。豊臣秀吉が好んだ。秀吉に仕えた大名の居城に多い。

熊本城天守

白

漆喰を用いた白壁は防火機能が高い。徳川家康が好んだ色でもある。豊臣家の黒い城に対抗したのではないかともいわれる。江戸時代の大名の居城に多い。

姫路城天守

Q いちばん巨大な城は？

A 最大は江戸城。東京ドームの約五〇倍の面積があります。

城郭規模ランキング(現状)

1位　江戸城　約230万㎡

260年続いた徳川幕府の政庁となった城だけあり、その規模はケタはずれ。名古屋城、大坂城も徳川家の城であり、当時の勢いがしのばれる。

2位　名古屋城　約91万㎡

尾張《おわり》徳川家の城。中止されたものの城下町まで囲い込む惣構《そうがまえ》（P153）をつくる計画もあり、さらに巨大城郭になるはずだった。

3位　大坂城　約76万㎡

豊臣家の城だった大坂城は、豊臣家滅亡後、徳川家により再建され今にいたる。ただし、豊臣時代の城は現在よりもさらに広大であったという。

Q 現存する天守でいちばん古いのは？

A 一五三七年につくられたといわれる犬山城です。

天守古さランキング

1位　犬山城　1537年築

1537年築の美濃金山《みのかねやま》城天守の移築と伝えられている。室町期の建築様式を残す（ただし、解体修理の結果、現在では1601年新築説が有力）。

2位　丸岡城　1576年築

1948年（昭和23年）の福井地震により倒壊したものの、その後修復された。見るからに古めかしい外観。

3位　松本城　1594年築

大天守《おおてんしゅ》と小天守《こてんしゅ》は1594年ごろの築とされる。辰巳付《たつみつけ》櫓《やぐら》と月見《つきみ》櫓《やぐら》は1633年に増築されたもの。

Q 烏城、白鷺城など、愛称をもつ城がありますが、ほかにもありますか？

A 多くの城に別称がついています。

	別称	別称の理由とされる事柄
岡崎城（愛知県）	竜ケ城《りゅうが》	竜が、城の守護神になることを約束したという伝説から。
大垣城（岐阜県）	巨鹿城《きょろく》	遠方から眺めると巨大な鹿の形に見えたことから。
和歌山城（和歌山県）	虎伏城《とらふす》	城のある丘が虎の伏せた姿に似ていることから。または「お虎」という娘の人柱伝説から。
姫路城（兵庫県）	白鷺《しらさぎ》城	漆喰塗《しっくいぬり》の白色から。また「鷺山《さぎやま》」にあることから。
岡山城（岡山県）	烏《う(からす)》城	天守の黒い板張《いたばり》から。松本城（長野県）も同様の別称をもつ。
広島城（広島県）	鯉《り》城	堀に鯉がたくさんいたことから。
大洲《おおず》城（愛媛県）	比志《ひじ》の城	人柱となった娘「おひじ」の伝説（P182）から。
熊本城（熊本県）	銀杏《ぎんなん》城	城内に植えられた銀杏の木から。

Q 城といえば花見。桜のきれいな城を教えてください

A 弘前《ひろさき》城や高遠《たかとお》城が有名です。

城跡は、そのほとんどが「桜の名所」として知られるが、江戸時代まで城内に桜などなかった。

城と桜の結びつきは明治中ごろから。城跡が公園となり、忠魂碑や神社を建てるとともに、戦死者の霊を慰めるため、桜がさかんに植えられたのである。

花見をするならこの城

松前城（北海道）
弘前城（青森県）
小田原城（神奈川県）
高遠城（長野県）
岡崎城（愛知県）
姫路城（兵庫県）
松江城（島根県）
福山城（広島県）
岡城（大分県）

Q 車をもっていません。駅に近い城を教えてください

A 三原城（広島県）は、駅から徒歩0分です。

駅からすぐ近くの市街地にある城は多いが、なかでも三原《みはら》城は近い。線路が本丸《ほんまる》跡を貫いており、駅構内に天守《てんしゅ》台への入口がある。伊丹《いたみ》城や福山城も駅から至近だ。

駅から5分以内の城

三原城（広島県）
JR三原駅より徒歩0分

伊丹城（兵庫県）
JR伊丹駅より徒歩1分

小諸《こもろ》城（長野県）
ＪＲ小諸駅より徒歩3分

明石《あかし》城（兵庫県）
JR明石駅より徒歩5分

福山城（広島県）
JR福山駅より徒歩5分

讃岐《さぬき》高松城（香川県）
JR高松駅より徒歩5分

Q 「荒城《こうじょう》の月」にモデルの城があるそうですね

A 仙台城、会津若松城、岡城の三つです。

作曲した滝廉太郎《たきれんたろう》、作詞した土井晩翠《どいばんすい》がイメージしたのは、一ヵ所の城ではなかった。右の三城のほかに富山城の名前が挙げられることも。豊後竹田《ぶんごたけた》駅では、列車の到着時のメロディに使われている。

Q 城跡は全国にどのくらいあるのですか？

A 全国に五万ヵ所ともいわれています。

古代の環濠集落《かんごうしゅうらく》にはじまった城には、いろいろな形式があり、すでにその原型をあまりとどめていないものも含めると、本当に数えきれないほどだ。戦国時代以降につくられ、一応は城の形を残しているものだけでも、数千はあるという。

Q

城はお殿様やお姫様の家なんですよね？

A

もともとは戦のためのもの。権力の象徴であり、生活、政治の場でもあります。

城は4つの顔をもつ

軍事基地という本来の役割

戦争の際に籠《こ》もって戦うのはもちろん、それに必要な武器や食糧を備蓄しておく役目もあった。堅固な城をつくるだけで、敵国の侵攻意欲を削ぐというメリットがあった。

権力や経済力を誇示

織田信長が安土《あづち》城に天主《てんしゅ》（天守）を築いたことにはじまる。ビルディングもない当時、巨大かつ豪華な建造物は、それだけで畏怖の対象となったことだろう。

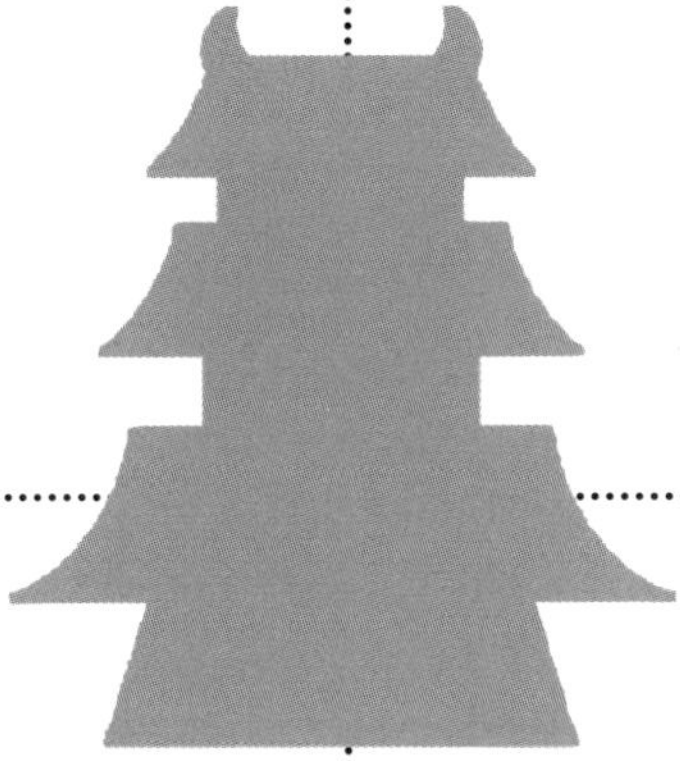

城主にとってのわが家

本丸《ほんまる》や二の丸御殿には、城主やその家族の住まいがあった。他国からの使者を迎える応接間や、会議を開く広間もあった。天守や櫓《やぐら》は平時には物置として使われていたに過ぎない。

現代でいう市役所や県庁

城内には城主（大名）をはじめ、領地に住む家臣たちが集まって政務を司る御殿が建っていた。実際、敷地がそのまま現在の市役所などに使用されている城跡も多い。

これらの役割を失った現在も、地域のシンボルとして人々に親しまれている

Q 城って狭いし暗いですよね。あそこでどうやって暮らしていたの？

A 「城＝天守《てんしゅ》」と思っていませんか？　人々は城内の御殿という建物で暮らしていました。

天守や櫓《やぐら》の映像が映った後に、城内の人々が話したり、食事をするシーンに切りかわるのは時代劇の定番。

しかし、あれは天守内ではなく、近くにある御殿という屋敷のなかでのこと。大抵の天守は、普段人が住めるつくりではなかった。最初から天守のない城も数多くあった。

「天守がないから城じゃない」というのは大きな間違い。それでも天守の映像が使われるのは、やはり城のシンボルであり、場面の切りかえを示すのに有効だからである。

天守

- 城のシンボルではあるが、構築物の1つに過ぎず、天守のない城もある。
- 戦の際の最重要陣地。
- 普段は空き家。人は住んでいない。

＊織田信長は安土《あづち》城の天主（天守）に暮らしたといわれる。

もっと知りたい！
天守→P64～69

≠

城

- 天守、御殿、塀、石垣など複数の構築物で構成されている。
- 人々が生活しているのは、御殿。

もっと知りたい！
御殿→P92

Q 城内で武士はなにをしていたのですか？

A 武士にとって城は「会社」。厳しい決まりごとがありました。

会社員が会社に勤めるように、武士たちにとっての「勤務先」に相当するのが城である。城に勤めて働くことを「出仕《しゅっし》」といった。

城中（殿中《でんちゅう》）には「ルール」が定められており、それを守るのも彼らの務め。

たとえば、あの「忠臣蔵《ちゅうしんぐら》」事件の浅野内匠頭《あさのたくみのかみ》が、吉良上野介《きらこうずけのすけ》を斬りつけて切腹処分となったのも、城内での私闘を禁ずるというルールを破ったためだ。

違反者には切腹や、お家《いえ》断絶という厳しい処罰もくだされた。

武士の城内の掟

時代や城主によって違いはあるものの、
城内の武士の作法について、
以下のような決まりごとがあった。

●朝6時に出仕せよ

北条《ほうじょう》家の家訓には、朝は午前3時から5時の間に起床し、6時までには出仕せよ、というものが伝わっている。

●雑談はするな

武士たちは、ぺちゃくちゃとしゃべるふるまいは許されなかった。

●会議の席は勲功のある者を上座に座らせよ

年功序列が日本社会の慣習、かと思いきや、戦国の世は超実力社会。年少者でも、成果を挙げれば上座に座る権利があった。

そのほか欠勤は認めない、居眠りの禁止、馬を下りる場所、など細かいことまで定められていた。

Q 夫人や側室はどこに住んでいたのですか?

A 「奥《おく》の御殿」といわれる場所です。江戸城では大奥《おおおく》と呼ばれていました。

城主の夫人(正室)や側室(正室以外の妻)が住んでいたのは、御殿のなかにある「奥」という空間。表向きの政治を行う場である表《おもて》に対し、城主とその家族が生活する場を奥といった。

有名な「大奥」という呼び名は、江戸幕府の将軍が住む江戸城がはじまり。三代将軍家光《いえみつ》の時代に制度が確立し、幕府が消滅するまで二〇〇年以上も存在し続けた。

大奥の女性の数は一〇〇〇人とも三〇〇〇人とも伝わり、世界的に見ても規模の大きなハーレムといえる。

江戸城内のハーレム「大奥」

大奥は江戸城にあった3つの御殿にそれぞれ存在し、本丸《ほんまる》大奥には将軍の正室が、西の丸大奥には大御所《おおごしょ》(前の将軍)や後継者とその家族が、二の丸には大御所の正室が住んでいた。将軍と一部の例外を除いて、男子の立ち入りは厳禁である。

裸踊りまで強要? 女たちのドロドロ

閉鎖的な、女性だけの空間である大奥では、相当なうっぷんが溜まったと見え、陰湿ないじめが行われたといわれている。

新人にさせる裸踊りが恒例行事

年越しの行事として新人に裸踊りをさせた。ただ、大奥にいた1人が後年、単なる作り話と語ったという。

嫉妬に狂い、流産させることもいとわない

将軍の手がついて子どもを産めば、その人の地位は高まる。このため、懐妊すると周囲から嫉妬され、嫌がらせを受けた。転ばされて流産したケースもあるといわれる。

筒抜けだった将軍との一夜

当時の最高権力者だった将軍といえども、大奥での夜の生活は決して自由ではなかった。厳しい決まりごとがあったのである。

将軍と正室・側室が夜を過ごす手順

まず将軍は、昼間のうちに係に届け出をする

▼

夜10時に将軍と正室（または側室）は床の間に入る

しかし 監視つき

正室の場合は隣の部屋に女性が2人、側室の場合はそれに加えて将軍と側室を挟むように女性2人が添い寝する、という決まりがあった。

▼

側室の場合、夜のことについて報告義務があった

側室本人が、翌日に前夜のことについて報告をしなければならなかった。側室の個人的なおねだりを防ぐためであったといわれている。

大奥女中の癒しはペット

大奥ではペットが好まれ、姫君や女性たちは小型の犬や猫を可愛がっていたという。

猫派 篤《あつ》姫《ひめ》の愛猫は「サト姫」

篤姫として知られる天璋院《てんしょういん》は犬好きで、狆《ちん》を飼っていたが、夫の13代将軍家定《いえさだ》が犬嫌いだったため、「サト姫」という猫を飼うようになった。

犬派 「狆」が大人気

大型犬は飼えないためか、大陸から輸入された小型犬「狆」が好まれていた。「犬公方《いぬくぼう》」といわれた5代将軍綱吉《つなよし》も狆を愛玩したという。

大奥があったのは江戸城だけではなかった

「大奥」の名称は、江戸城だけのものではなかった。将軍家の一門である尾張《おわり》徳川家や紀伊徳川家、また一部の大大名《だいだいみょう》の御殿でも「大奥」という言葉が使われていたという。

Q 城跡ってよくあるけれど、城の数だけお殿様がいたの？

A 戦国期には、殿様すなわち一国の領主だけではなく、その家臣、そのまた家臣も城をもっていました。

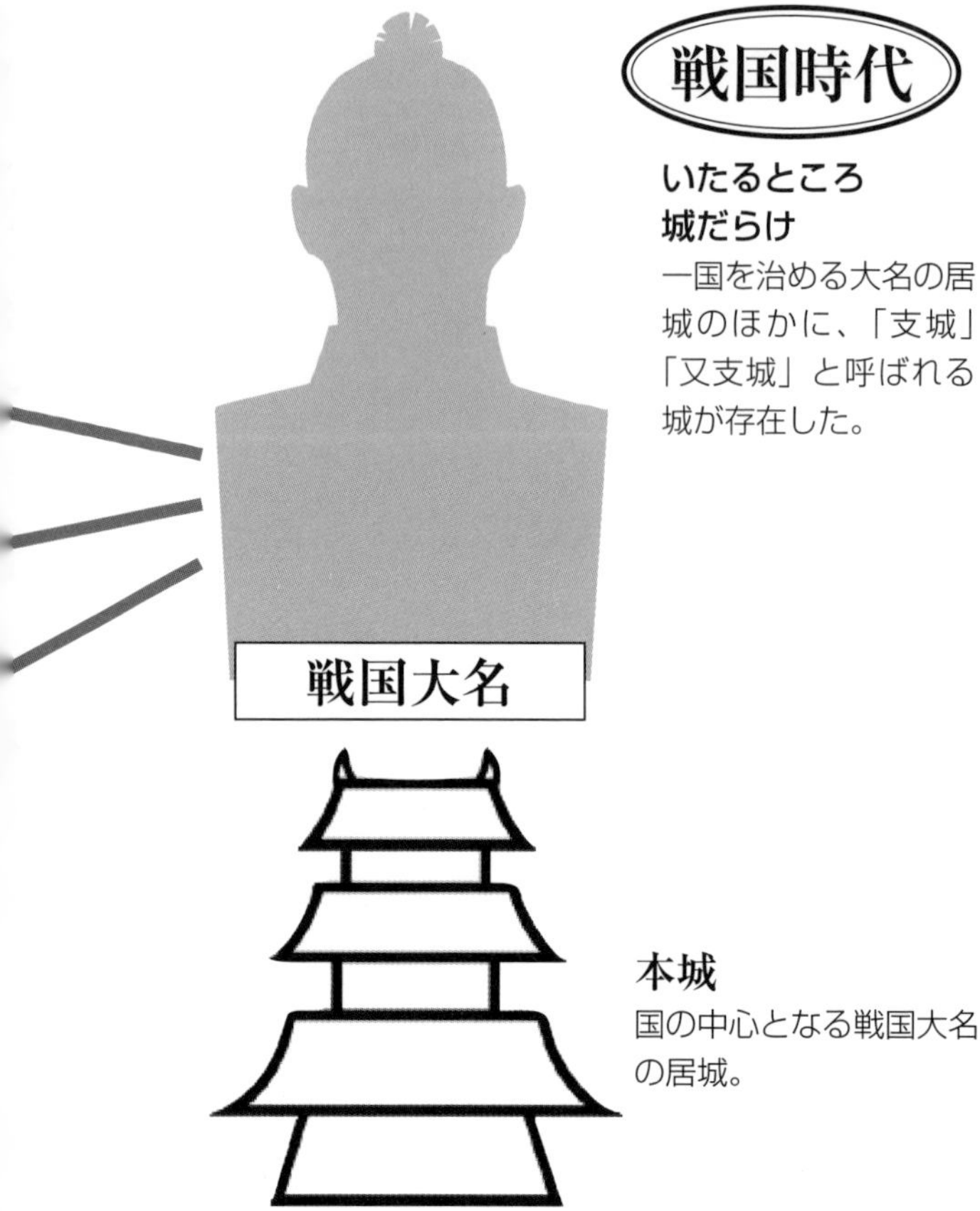
戦国時代
いたるところ城だらけ
一国を治める大名の居城のほかに、「支城」「又支城」と呼ばれる城が存在した。
戦国大名
本城
国の中心となる戦国大名の居城。

お殿様、つまり戦国大名は、一人でいくつもの城をもっていた。

自身の居城となる「本城《ほんじょう》」のほかに、それを取り巻くように、たくさんの「支城《しじょう》」が設けられていた。

そして、それぞれの支城には信頼のおける家臣を派遣し、城主としたのである。

さらに家臣の部下も、ある程度身分が高くなってくると、小規模ながら城（又支城《またしじょう》）を任されることも多かった。

領地は、多数の城のネットワークによって支えられていたのである。

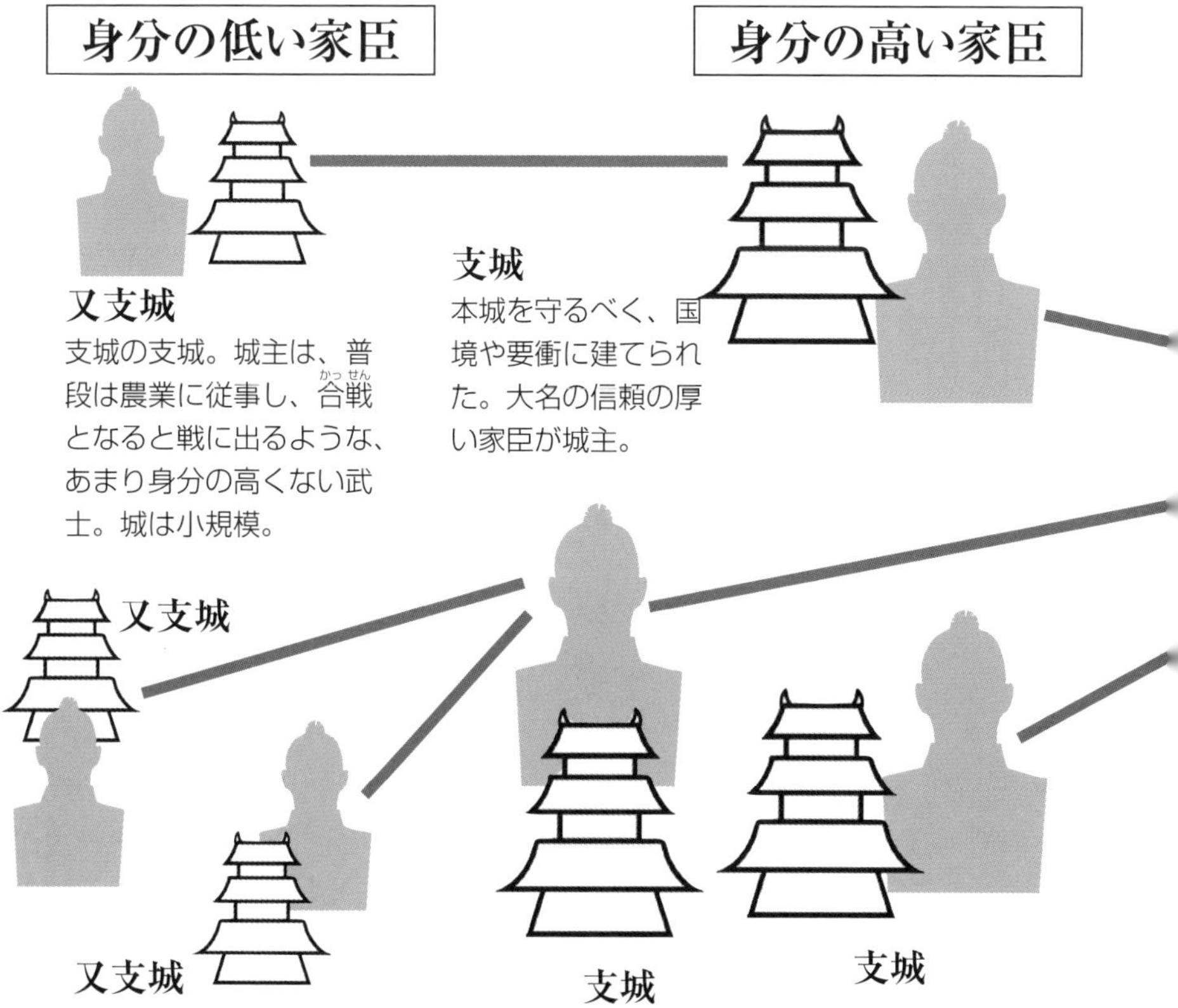
身分の低い家臣
身分の高い家臣
又支城
支城の支城。城主は、普段は農業に従事し、合戦《かっせん》となると戦に出るような、あまり身分の高くない武士。城は小規模。
支城
本城を守るべく、国境や要衝に建てられた。大名の信頼の厚い家臣が城主。
又支城
又支城
支城
支城

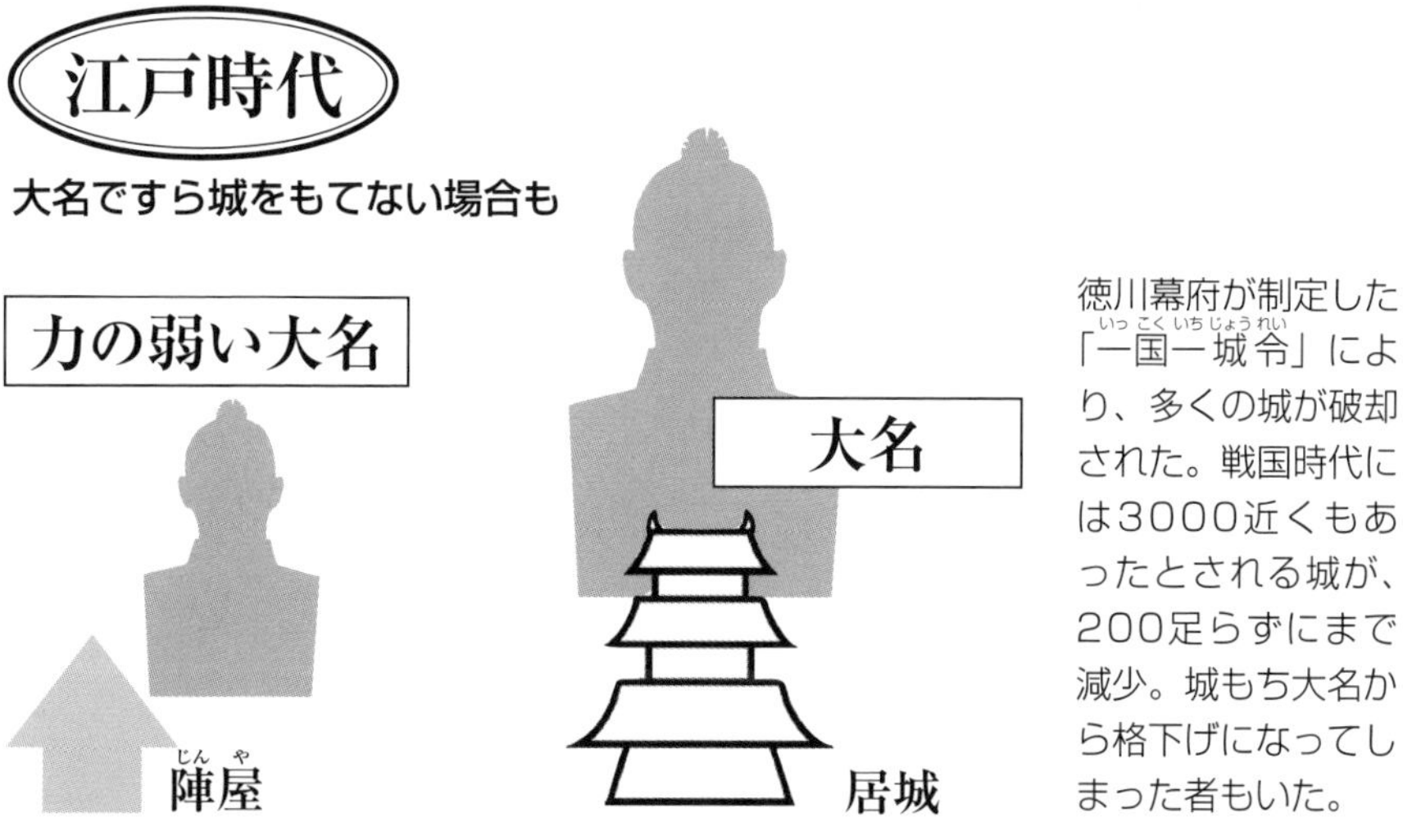
江戸時代
大名ですら城をもてない場合も
力の弱い大名
大名
徳川幕府が制定した「一国一城令《いっこくいちじょうれい》」により、多くの城が破却された。戦国時代には3000近くもあったとされる城が、200足らずにまで減少。城もち大名から格下げになってしまった者もいた。
陣屋《じんや》
居城

Q 大工さんがつくるんですか？

A 農民や城大工など、多くの労働者がつくりました。指揮を執ったのは城主や奉行《ぶぎょう》たちです。

城という巨大な建造物をつくるためには、多くの人の力を必要とした。主な労働力となったのは、領民たちである。

その先頭に立ったのは城をはじめ、屋敷や神社などの建築を生業《なりわい》とする大工や、「穴太衆《あのうしゅう》」と呼ばれる石積み職人の集団だった。

そして、これらを集め、まとめ上げたのがその領地を治める大名（城主）たち。

彼らは部下や職人たちを巧みに使い、優秀な築城技術の保持に努めたのである。

戦国時代の名築城家たち

大名や城主は実際に岩を運んだり、木材を組み立てることはしないが、領地のどこに城を建てるかを決め、構造（縄張《なわばり》）を設計したり、職人たちを監督した。彼らの下にはすぐれた城大工が数多くいた。

二大築城名人

加藤清正《かとうきよまさ》

詳しくはP154

藤堂高虎《とうどうたかとら》

詳しくはP156

そのほかの築城上手な大名たち

太田道灌《おおたどうかん》
徳川家康が入城する以前の江戸城を築いた。

松永久秀《まつながひさひで》
史上初めての天守《てんしゅ》を大和多聞山《やまとたもんやま》城に建築。

黒田官兵衛《くろだかんべえ》
豊臣秀吉の参謀として活躍し、秀吉の城となる姫路城や名護屋《なごや》城の縄張を担当。

小堀政一《こぼりまさかず》
名古屋城天守や、伏見《ふしみ》城本丸《ほんまる》など徳川家の城の木造建築に力を発揮。遠江守《とおとうみのかみ》になったので、小堀遠州の名で有名。

城大工

大名から直接命令を受け、現場で実行に移す。

安土《あづち》城を築いた岡部《おかべ》又《また》右《え》衛門《もん》

織田信長から200貫文《かんもん》もの高待遇で召し抱えられた岡部又右衛門は、熱《あつ》田《た》神宮の宮大工《みやだいく》であった。信長が当時最高峰の技術を駆使して安土城を築城できたのは、又右衛門の活躍があったから。

徳川家のお気に入り中井正清《なかいまさきよ》

徳川家康も、中井正清という職人を重用し、藤堂高虎とともに江戸城や名古屋城など重要な城の造営にあたらせた。正清は、築城のほか、京都知恩院《ちおんいん》や日光東照宮《とうしょうぐう》、また江戸の城下町の計画にも携わっている。

穴太衆

石垣積み専門の職人集団

城や寺院などの石垣をつくった技術者集団。近江《おうみ》（滋賀県）出身で、その高い技術力を買われて織田信長に安土城の石垣づくりを命じられた。のちに豊臣秀吉や徳川家康などのもとで、多くの城づくりや修築に携わっている。

現場で働く人々

築城に駆り出された農民たち

普段は農業をしていた領民たちは、築城や城の修理など事あるごとに集められた。とくに石垣が使われるようになった近世城郭の場合は、石を運ぶのに労働力を必要とし、その人数は膨大になった。秀吉の聚楽第《じゅらくてい》建造時には10万人にもなったという。

Q あれだけ大きな建物をつくるのだから木材や石材を集めるのは大変ですよね？

A 江戸城や大坂城などの大城郭ともなると、石や木材は遠方から船で運んでいました。

江戸城築城地に石材や木材が届くまで

石材

巨石を積んだ船が沈没したことも

採石場は伊豆

築城地の付近で採石できればラク。しかし関東には石のとれる場所は少なく、なんとか見つかった採石場は伊豆（静岡県）だった。

↓

石を切り出す

↓

船に積み江戸湊《みなと》へ

石材運搬用の船の用意だけで、2年かかったという。巨石を運ぶ船はバランスが悪く、江戸にたどりつくのは容易ではなかった。

木材

山中で切り倒し、川に流して、船で運ぶ

江戸城の木材は良質な檜《ひのき》が育つ木曽（長野県）の山中などから切り出された。

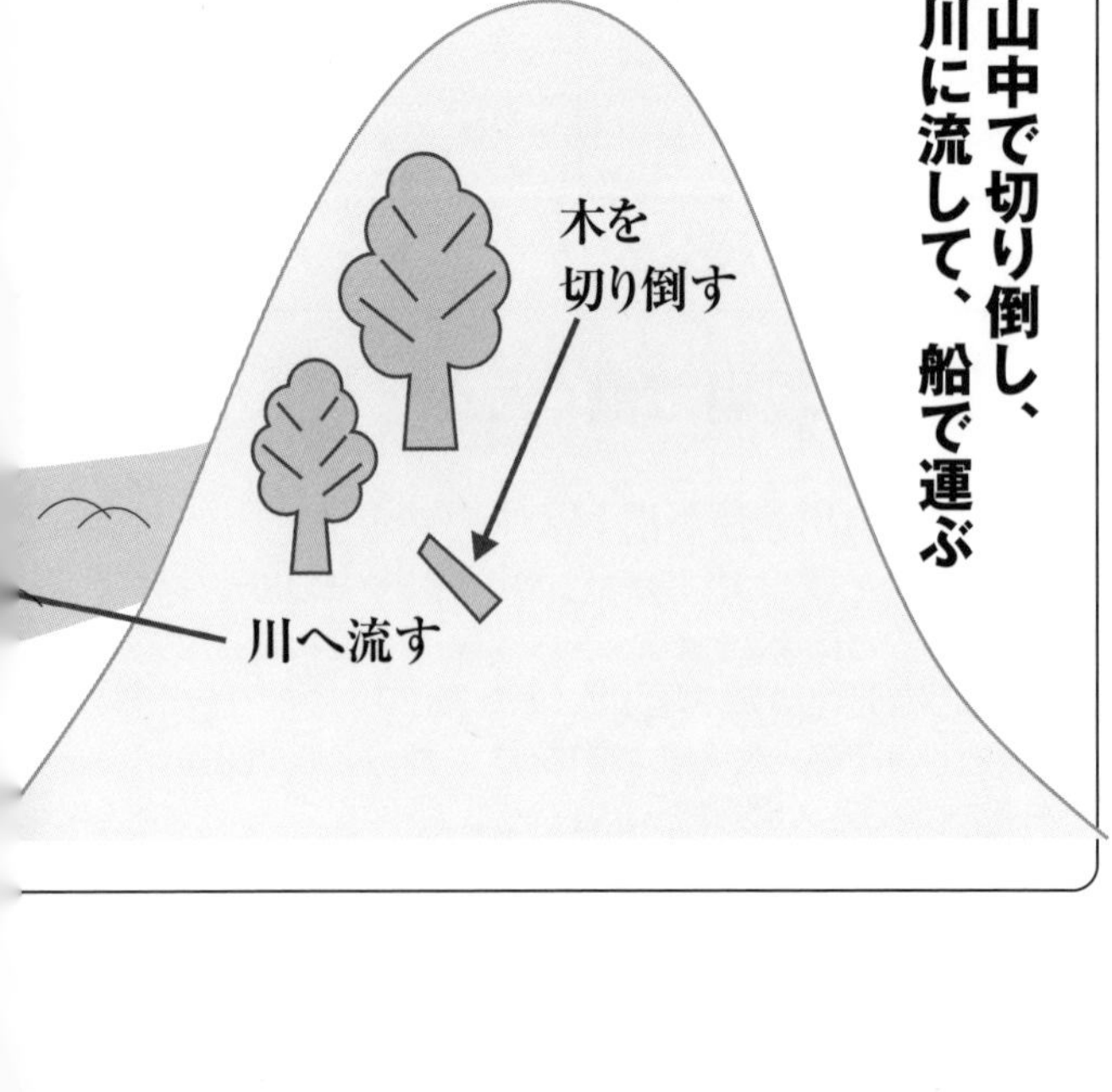

採石場での注意点

① 落とした石は使わない

「落ちる」は「城が落ちる（落城）」につながる。運搬の最中に落下した石は縁起悪がられ、城の一部になることはなかった。このような石は「残念石《ざんねんいし》」と呼ばれ、現在でも伊豆に残されている。

刻印のある石垣　小石川後楽園築地塀《ついじべい》（江戸城石垣の石材を移動）

② 他大名とのトラブルを防ぐため、石には刻印を

江戸城をはじめ、大坂城、名古屋城など天下普《てんかぶ》請《しん》（P144）の城では石垣に刻印が見られる。これらは、どの大名の石か、どこから切り出したのか、などのマーク。採石場ではなく、築城地でつけられることもあった。

遠方の場合、そのまま海の近くまで流し、船で江戸へ

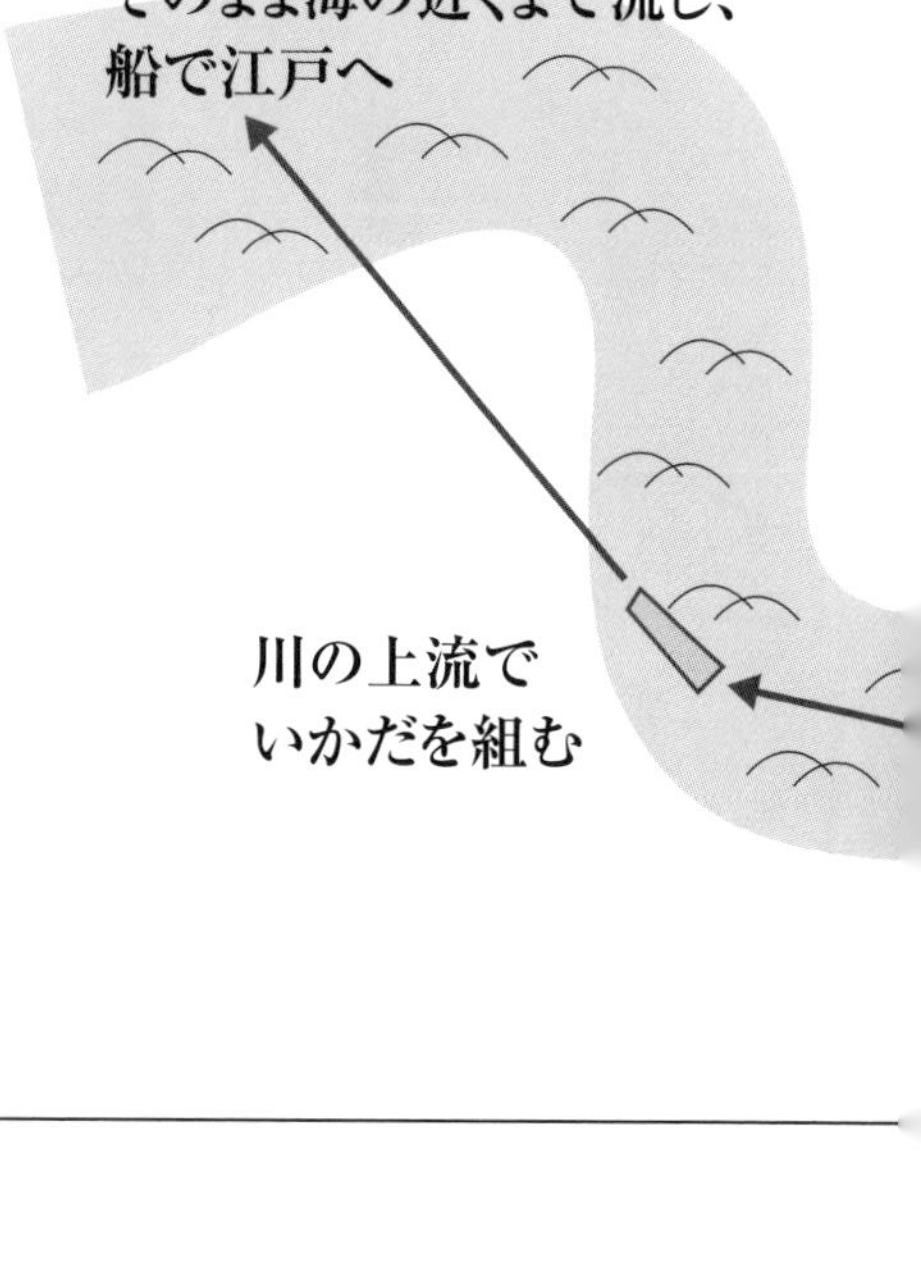

川の上流でいかだを組む

江戸湊から建設現場へもうひとふんばり

江戸の港に荷揚げされた木材や石材は、さらに建設現場へと運ばれる。巨石は陸上の運搬も一苦労。5000人で1つの巨石を引くこともあったという。

やっとのことで築城地に到着

Q 石垣に使われている大きな石。あんなに重いものをどうやって運んだの？

A すべて人力。巨石を一人で運んだという伝説が残っています。

石垣に途方もなく大きな石が使われていることがある。数百kgの石を１人で運んだという伝説が残る城も多いが、真偽のほどは知れない。

しかし人力で運んだことは間違いなく、場合によっては数百、数千という人間が力を合わせて１つの石を引いた。

「真《さな》田《だ》石《いし》」と呼ばれる巨石　上田城

高さ2.5m、幅3mの上田城の大石には、城主の真田信《のぶ》之《ゆき》が転《てん》封《ぽう》先にもっていこうとしたものの、びくともせずにあきらめた、という逸話が残る。

丸太の上を転がして運ぶ。丸太のすべりをよくするために、下に昆布が敷かれたこともあった。

30cm角の石1つでも重さは70kgほど

小ぶりの石でも重く、2人がかりで運ぶ。
1人の場合は籠《かご》に背負って運ぶ。

巨石は人海戦術で

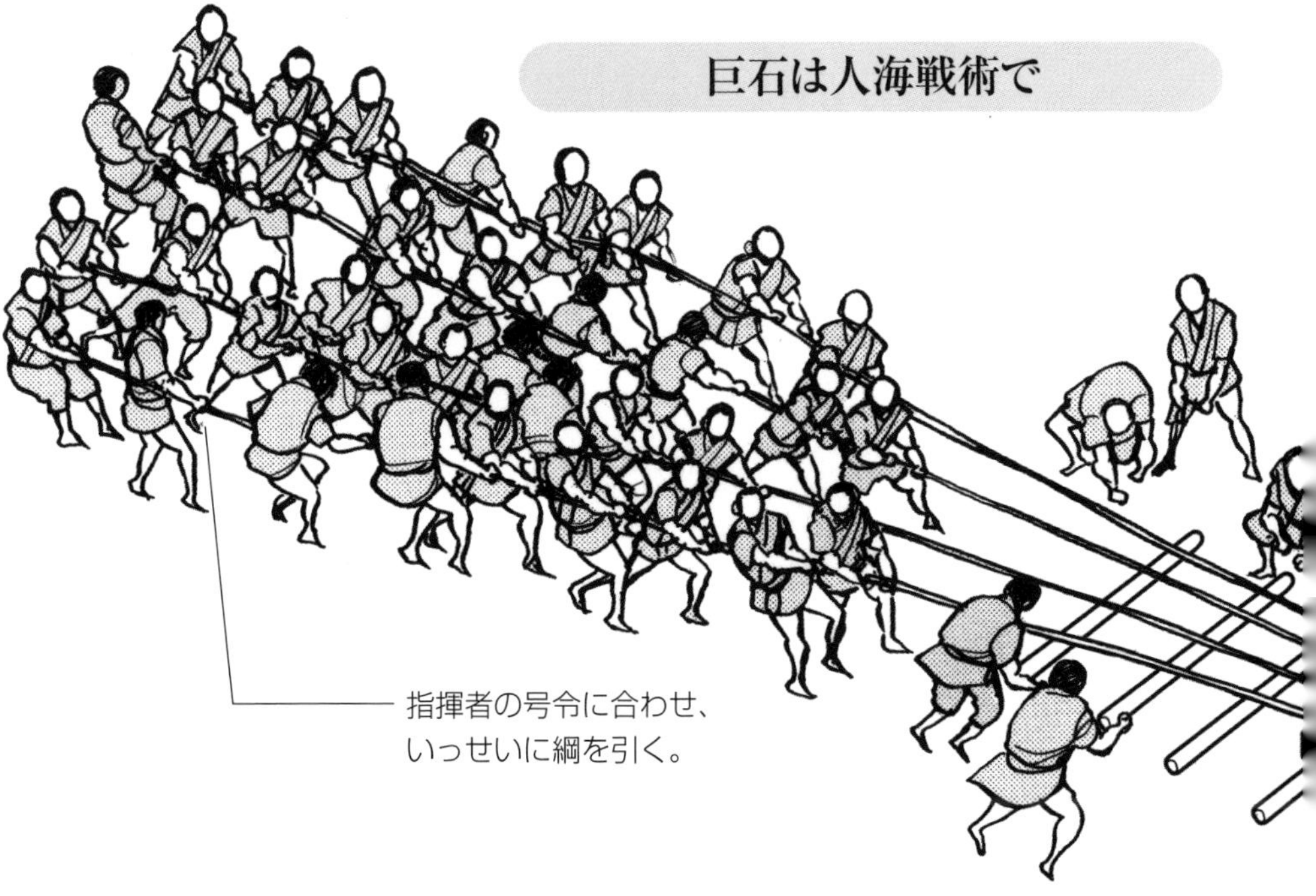

指揮者の号令に合わせ、
いっせいに綱を引く。

Q 人柱ってホントにあったのですか？

A 人柱《ひとばしら》伝説は残っていますが、実証はありません。

人柱伝説は各地に残る

松江城
（島根県）（→P40）

犠牲になった娘が悪霊に

天守《てんしゅ》台の石垣を築く際、何度も崩れ落ちたため、付近の村から人を集め、盆踊りを催した。そのなかから最も美しく、踊り上手な少女が選ばれ、人柱として埋め殺された。城は見事に出来上がったが、夜になるとすすり泣きが聞こえ、盆踊りのたびに地震が起こるなどしたため、娘の祟りだと囁かれた。

＊盆踊りで娘をさらい人柱にするという伝説が残る城は多い。

「城名に私の名前を」が最後の願い

川の氾濫などで工事が難航したため、「おひじ」という身寄りのない娘が人柱に選ばれた。おひじは、城の名前を自分と同じにしてほしいと言い残したことから、大洲城には「比志《ひじ》の城」、川には「比志川」という別名がついたという。

大洲《おおず》城
（愛媛県）

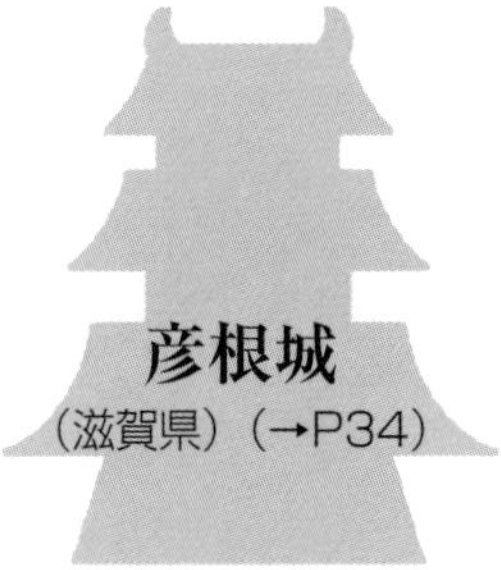
彦根城
（滋賀県）（→P34）

人柱になったはずの娘が戻ってきた

菊という若い娘が自ら人柱に志願し、両親の説得を振り切って登城。城主の井伊《いい》直継《なおつぐ》も反対したが、やむなく天守台に埋めることにした。城の完成後、両親は直継に呼び出され、そこで１人の女性と会うが、それはまぎれもない菊の姿だった。直継は工事の直前、菊の入っていた箱を空のものにすりかえたというのだ。

＊人柱のかわりに石仏や、人柱の娘の私物を埋めた例もあるという。

人柱とは、生きた人間を建造物の下に埋めることをいい、生贄《いけにえ》とか人身御供《ひとみごくう》とも呼べる風習。

古来、地震や洪水などで建物が壊されるのは神の祟りであると考えられていた。そこで人柱を立て、祟りを除こうと考えた。また、抜け穴や石垣など城の機密部の建築に携わった者たちを殺し、彼らを人柱にしたとの伝説もある。しかし、これらは本当の話なのだろうか？

江戸城（東京都）や日出城《ひじ》（大分県）などから人骨が出土したこともあるが、確実に「これは人柱」といえるものが見つかった例はない。簡単に掘り返せるような場所には埋められていないのか、人柱自体が伝説なのか……。ただ、確かな史料には人柱のことは書かれていない。

城にまつわる伝説は多い

江戸時代まで、城は一般庶民が立ち入れる場所ではなかった。その神秘性から、伝説が多く生まれることになったと思われる。

霞が城を隠した「霞ヶ《かすみが》城伝説」

丸岡城（福井県）（→P27）

霞ヶ城という別名の由来として伝わる話。昔、丸岡城が攻め込まれたときに、この地に棲む大蛇が霞を吐いて城を覆い隠してしまった。攻撃軍は攻めることができず退却。大蛇は人柱にされた娘の化身といわれる。

井戸の底に黄金。黄金水の井戸の伝説

大坂城（大阪府）（→P38）

天守の近くに残る、金明水《きんめいすい》井戸。この底には秀吉がたくさんの黄金を沈めたとの伝説がある。昔、盗賊が盗みに入ったが、頑丈な石で塞がれ、どうにもできなかった。近年の調査では何も発見されず、この井戸は徳川時代に掘られたものと判明。

米で馬を洗った「白米伝説」

苗木《なえぎ》城（岐阜県）

この城には「馬洗岩《うまあらいいわ》」という名前の岩が残る。かつて敵に兵糧《ひょうろう》攻《ぜ》めにされ、水の手を断たれたことがあった。その際、この岩の上に馬を乗せ、米で馬を洗い、水が豊富であるかのように装った。敵からは白い米が水のように見えたという。

Q 攻め込まれて負けた場合、城内の人はどうなりますか？

A 許されることも、殺されることもあります。売り飛ばされることもありました。

城主の選択が命運を分ける

ここまで籠城《ろうじょう》を
続けたが、
われらの敗北は
必至だろう……
城主

城主の選択A　降参する

結果

城主の命と引きかえに、城兵は助けられる

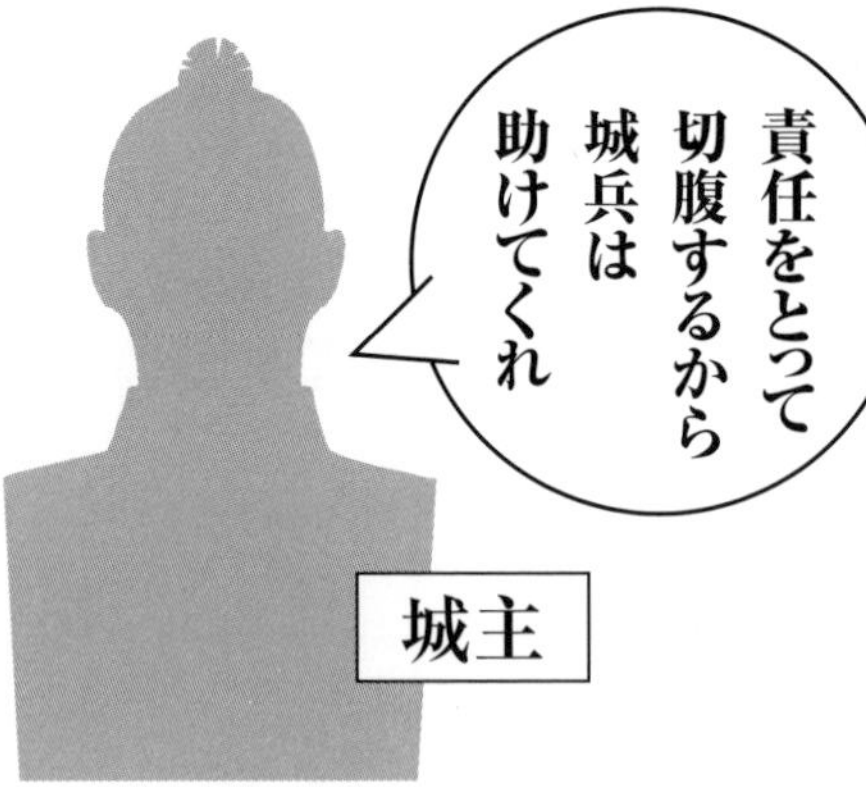
責任をとって
切腹するから
城兵は
助けてくれ
城主

ほとんどの場合、城主や籠城側の中心人物が切腹することが降伏の条件といえた（例：P118）。

場合によるが、頭を丸めるだけで許されたこともあれば、自分の娘とか伝来の家宝（茶器など）を差し出すことで降伏が認められたケースもある。すべては攻撃側の一存で決まった。

城主の選択B **徹底抗戦を続ける**

戦国時代の武士たちの間では、「戦いに負けて生き残ることは恥」と考える向きがあった。そのため、勝ち目がないとわかっていても戦い続ける場合があった。

落城

結果 **皆殺しや人身売買など、容赦のない扱い**

悲惨な末路1

人間のみならず、牛馬まで皆殺しに

伊達政宗《だてまさむね》が小手森《おでのもり》城（福島県）を攻めたときのこと。敗色濃厚と見た城主がひそかに逃げてしまった後も城兵たちは徹底抗戦したが、結局城は落ちた。このとき政宗は、城内の兵士だけでなく女もすべて殺させ、牛馬にいたるまで皆殺しにしてしまった。周辺の敵対勢力への「見せしめ」だったという。

志賀城の生き残りのその後

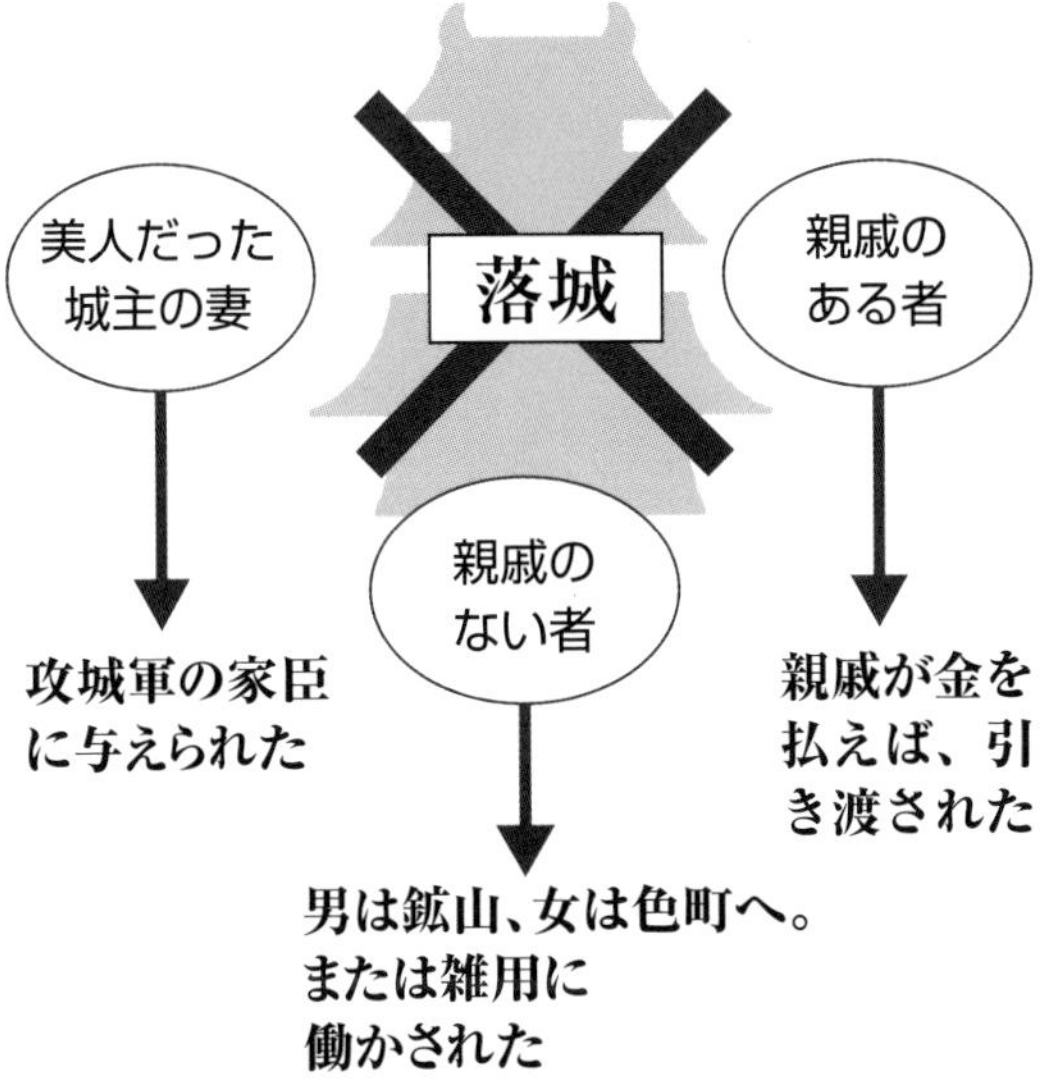
落城
美人だった城主の妻
攻城軍の家臣に与えられた
親戚のない者
男は鉱山、女は色町へ。または雑用に働かされた
親戚のある者
親戚が金を払えば、引き渡された

悲惨な末路2

生き残りは屈辱的な生活を強いられた

武田信玄《たけだしんげん》に攻められた志賀《しが》城（長野県）の城兵たちは、勝ち目なしと討って出て玉砕。城内に取り残された女や子ども、下働きの男たちは信玄の領国・甲斐《かい》（山梨県）に連行された。城主の妻はこの戦いで戦功を挙げた信玄の家臣に与えられ、ほかの者たちは、男は鉱山へ、女は遊郭へ売り飛ばされるなど、モノ同然に扱われた。

＊政宗や信玄がとくに残酷なのではなく、多くの大名が同様の戦後処置を行った。

Q 城には抜け穴があると聞いたのですが？

A 多くの城に伝説が残っています。

大坂城の抜け穴伝説

伝説1 **包囲された大坂城で新鮮な魚がふるまわれた**

「大坂の陣」（P123、P142）の際、包囲されているはずの大坂城内で、敵の徳川方の使者に対して新鮮な魚がふるまわれた。籠《ろう》城《じょう》する豊臣軍は、抜け穴を通って堺まで魚を買いに行ったのだという。

伝説2 **自刃したはずの豊臣秀《ひで》頼《より》は抜け穴を使って生き延びていた？**

「大坂の陣」で、落城寸前の城から城主・秀頼が抜け穴を通って二の丸へ脱出。さらに真《さな》田《だ》幸《ゆき》村《むら》に連れられて九州の薩《さつ》摩《ま》へ逃れたという伝説も生まれた。

実際に抜け穴らしいものも見られるが……

城には、さまざまなしかけが施されていたが、抜け穴伝説もその１つ。実際、各地の城跡にそれらしき穴が残されているが、実証されたものはない。万一、敵に見つかれば籠城側の命取りになる。また、当時の掘削技術でそれだけのトンネルを確保するのは困難なことから、信憑性は薄い。

抜け穴はないが抜け道はある？間道の存在

城内から城外へ脱出する抜け穴は見つかっていない。

しかし、姫路城の「西の丸」西部の原生林には、いくつかの間道《かんどう》の存在が確認されている。

間道とは、人に見つからないように草木などで覆い隠された抜け道のこと。非常時に使用されたものといわれる。

こうした抜け道の存在が抜け穴伝説につながったのではないか、という見方もある。

Q 姫路城はなぜきれいに残っているのですか？

A 陸軍大佐の中村《なかむら》重遠《しげとお》が保存を訴えたことが理由の一つです。

明治時代

明治政府が発布した廃城令により、全国の城郭は次々と破却されていった。

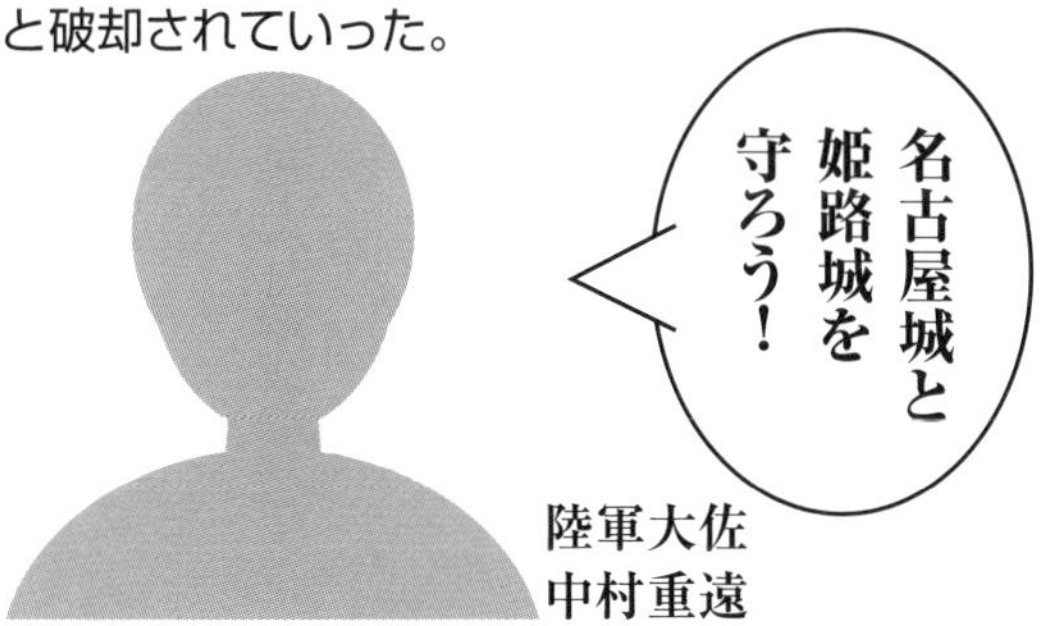
名古屋城と
姫路城を
守ろう！

陸軍大佐
中村重遠

全国の城が失われていくことを憂えた中村は、当時陸軍が管理していた名古屋城と姫路城の保存を訴えた。結果、2つの城は保存されることとなる。

戦災前の名古屋城

↓

第二次世界大戦による空襲

↓ **姫路城は奇跡的に無傷**

↓ 名古屋城は惜しくも天守《てんしゅ》など主要な建物を焼失

↓

現在まで残り、世界遺産にも指定された

姫路城→P8

Q 外国の城との違いは？

A ほかの国の城は石づくりが多いのですが、日本の城は主に土と木でつくられています。

韓国の城
水原《スウォン》の華城《ファソン》
1796年に築かれた城郭都市。5.7kmの城壁が町を囲む。石づくりの見張り台や、のろし台を備えている。

宣教師のルイス・フロイスは安土《あづち》城の天主《てんしゅ》（天守）を見て「私たちの塔より気品があり壮大な建築である」と記録している。ただ、日本の城は基本的に石垣以外は木造。火災に弱いという欠点がある。

海外では、都市全体を城壁で囲む城塞《じょうさい》都市が築かれた。中世以降は石づくりが主流で、ヨーロッパには一〇〇〇年前の城でも揺るぎない姿をとどめているものが多い。

近代になり、防衛機能より居住性や豪華さが重んじられるようになったのは、日本に似ている。

ドイツの城

ノイシュヴァンシュタイン城

1868年に当時のバイエルン王により築城開始。中世の城に似せてつくられたといわれる。内装も豪華。

インドの城

アグラ城

1565年から8年かけてつくられた赤砂岩の城。城壁は高さ21mで、攻撃用の穴が開く。城内には堀もある。

中国の城

万里《ばんり》の長城《ちょうじょう》

紀元前7世紀ごろから約2000年間、増築され続けた城壁。世界最大の建築物といわれる。レンガや石、土などでつくられている。

●参考文献

『CG日本史　戦国の城と戦い』(双葉社)／『インド・ネパール・スリランカの本』(近畿日本ツーリスト)／『江戸おもしろ瓦版』さいとう・はるき著(主婦と生活社)／『江戸の町(上)　巨大都市の誕生』内藤昌著、穂積和夫画(草思社)／『大坂城　天下一の名城』宮上茂隆著、穂積和夫画(草思社)／『おとなの鉄道地図帳　城・城下町めぐりの旅』(学習研究社)／『面白いほどよくわかる日本の城』三浦正幸監修(日本文芸社)／『個人旅行24ドイツ』(昭文社)／『城が見た合戦史』二木謙一監修(青春出版社)／『城――戦略と築城』佐々木信四郎著(原書房)／『城と城下町』小和田哲男著(教育社)／『城と城下町100選』(平凡社)／『城の鑑賞基礎知識』三浦正幸著(至文堂)／『城のつくり方図典』三浦正幸著(小学館)／『城を歩く　その調べ方・楽しみ方』(新人物往来社)／『城をめぐる　兵たちの夢跡を歩く』マガジントップ編(山海堂)／『城郭の見方・調べ方ハンドブック』西ヶ谷恭弘編著(東京堂出版)／『新装改訂版図説日本の名城』平井聖・小室榮一編、斎藤政秋写真(河出書房新社)／『江戸城と将軍の暮らし』平井聖監修(学習研究社)／『世界遺産建築の不思議』天井勝海監修(ナツメ社)／『世界遺産ふしぎ探検大図鑑増補版』(小学館)／『戦国時代ものしり事典』奈良本辰也監修(主婦と生活社)／『戦国の合戦』小和田哲男著(学習研究社)／『戦国の堅城』(学習研究社)／『戦国の堅城Ⅱ』(学習研究社)／『戦国の城』小和田哲男著(学習研究社)／『戦国の城を歩く』千田嘉博著(筑摩書房)／『戦国の城砦』楠戸義昭著(新紀元社)／『戦国武将ものしり事典』奈良本辰也監修(主婦と生活社)／『築城　覇者と天下普請』西ヶ谷恭弘監修、松本諒士著(理工学社)／『知識ゼロからの戦国武将入門』小和田哲男著(幻冬舎)／『中国周遊の本』(近畿日本ツーリスト)／『徹底図解大奥』榎本秋著(新星出版社)／『ドイツの本』(近畿日本ツーリスト)／『特報!徳川将軍15代事件簿』(新人物往来社)／『ビジュアル版城の日本史』内藤昌編著(角川書店)／『ビジュアル・ワイド日本の城』小和田哲男監修(小学館)／『ビジュアル・ワイド日本名城百選』村田修三総監修(小学館)／『日本の城[戦国〜江戸]編　完成された城郭の構造』西ヶ谷恭弘監修著、香川元太郎著(世界文化社)／『別冊歴史読本1990年9月号　作戦研究戦国の攻城戦』(新人物往来社)／『復原図譜日本の城』西ヶ谷恭弘著、香川元太郎イラストレーション(理工学社)／『文化財探訪クラブ⑥城と城下町』野呂肖生執筆、石井進・千田嘉博監修(山川出版社)／『日本史年表(増補3版)』東京学芸大学日本史研究室編著(東京堂出版)／『日本の城ハンドブック新版』小和田哲男監修(三省堂)／『日本の歴史』前澤桃子著(ナツメ社)／『日本名城紀行東日本編』小林祐一著(メイツ出版)／『名城シリーズ　姫路城』(学習研究社)／『名城と合戦の日本史』小和田哲男著(新潮社)／『名城の日本地図』西ヶ谷恭弘、日弁貞夫著(文藝春秋)／『もう一度学びたい　日本の城』中山良昭編著(西東社)／『らくらく入門塾日本史講義』小和田哲男著(ナツメ社)／『歴史がわかる、腑に落ちる　城の見方』佐藤俊一、「サライ」編集部編(小学館)／『歴史探索入門――史跡・文書の新発見』小和田哲男著(角川書店)

●写真提供(順不同)

姫路市／(社)姫路観光コンベンションビューロー／(財)函館市住宅都市施設公社／函館市教育委員会／(社)弘前観光コンベンション協会／会津若松市／(財)白虎隊記念館／宮内庁／(社)石川県観光連盟／(社)福井県観光連盟／松本市教育委員会松本城管理事務所／犬山市観光協会／名古屋城管理事務所／元離宮二条城事務所／大阪城天守閣／松江城山管理事務所／岡山城天守閣／岡山県後楽園事務所／高梁市産業経済学部商工観光課／丸亀市都市経済部商工観光課／宇和島市観光協会／松山城総合事務所／高知城管理事務所／熊本城総合事務所／首里城公園／萩市観光課／七戸町教育委員会／恵那市観光協会岩村支部／七尾市教育委員会／盛岡市公園みどり課／八王子市教育委員会／(社)朝倉氏遺跡保存協会／岡崎市／朝来市産業振興部商工観光課／竹田市役所商工観光課／(財)広島市文化財団広島城／中城村教育委員会／和歌山城管理事務所／(財)伊賀文化産業協会／新発田市教育委員会／福岡市教育委員会／彦根市教育委員会／国立歴史民俗博物館／佐倉市役所広報課／掛川市役所商工労働観光課／偕楽園／水戸市立博物館／長野市教育委員会／社団法人長浜観光協会／三島市地域振興部観光推進課／小田原市経済部観光課／国営吉野ケ里歴史公園事務所／上田市役所観光課／韓国観光公社東京支社／中国国家観光局／インド大使館／上野哲弥／新保寛子／竹本章／勝又理夏子／塩澤耕平

皆様ありがとうございます。

小和田哲男（おわだ　てつお）

1944年、静岡市に生まれる。早稲田大学大学院文学研究科博士課程修了。静岡大学名誉教授。著書に『戦国の城』『戦国の群像』（ともに学習研究社）、『名城と合戦の日本史』（新潮社）、『知識ゼロからの戦国武将入門』（幻冬舎）などがある。

装幀　石川直美（カメガイ デザイン オフィス）
装画・イラスト　不知火亮
デザイン　バラスタジオ（高橋秀明）
校正　滄流社
編集協力　上野哲弥（各駅停車）　オフィス201（高野恵子　根橋明日美）
編集　福島広司　鈴木恵美（幻冬舎）

知識ゼロからの日本の城入門

2009年6月25日　第１刷発行
2020年3月15日　第４刷発行

著　者　小和田哲男
発行人　見城　徹
編集人　福島広司

発行所　株式会社 幻冬舎
〒151-0051　東京都渋谷区千駄ヶ谷4-9-7
電話　03-5411-6211（編集）　03-5411-6222（営業）
振替　00120-8-767643
印刷・製本所　株式会社 光邦

検印廃止

ISBN978-4-344-90159-9 C2095
Printed in Japan
幻冬舎ホームページアドレス　https://www.gentosha.co.jp/
この本に関するご意見・ご感想をメールでお寄せいただく場合は、comment@gentosha.co.jpまで。